知识内容写作课

郑国威 著

北京时代华文书局

自序

我替很多书写过推荐序，这是头一回帮自己的书写序。既然接下来整本书都是我想要跟大家讲的事情，请容许我任性地在这篇序里先讲点别的。

2018 年 3 月 14 日，史蒂芬·霍金（Stephen Hawking）博士结束了他在地球表面的旅途，再次成为星辰。那天上午，我正在东海大学应用物理学系演讲，谈我如何从一个超有好奇心的科学少年变成一个厌弃科学的文科生，又如何从这样一个文科生变成台湾最大科学知识网站的创办者与总编辑。中午演讲完，我跟多位物理学教授一起到校外餐厅吃午餐，才坐定没多久，我们就同时收到霍金辞世的消息，觉得好不真实。

虽然我不在办公室，泛科学的编辑部在主编雅淇领导下立刻启动相关应对措施，毕竟这是时事热点，更是科学名人热点（关于“热点”，会在本书中详细介绍），是泛科学读者最在意的议题。下午，我回顾着泛科学介绍过的霍金，既感动又惆怅。他自从 23 岁诊断出 ALS 之后，即使不能转头也从不低头，除了持续理论物理研究与教学外，更孜孜不倦将自身知识转化为科普书籍，写下史上销量最好的科普书《时间简史：从大爆炸到黑洞》，破千万册的销量让他能无后顾之忧地继续科研与写作，更一举将他变成当代最知名的科学家代表。他毫无身段地与流行文化圈合作，在《辛普森家庭》《生活大爆炸》《银河飞龙》中以本人身份客串。他的故事被拍成电影《爱的万物论》，成为票房破 1.2 亿美元的大作，饰演他的艾迪·瑞德曼更得到第 87 届奥斯卡最佳男主角奖。

他对人工智能可能带来的危机示警，与伊隆·马斯克向多位人工智能专家发表公开信，呼吁对人工智能即将带来的社会冲击进行更多研究。他对探索外星高等生命亦有保留，尽管他仍旧参与了突破摄星（Breakthrough Starshot）计划，此计划预计发射上千艘奈米太空舰队，前往距离太阳 41.3 兆公里的半人马座阿尔法星。他知道自己生命有限，要让更多未来世代依旧对宇宙向往，只靠他这位科学界的超级明星当然不够，于是他创办“霍金科学传播奖”（Stephen Hawking Medalfor Science Communication），借由自身的名气与个人品牌，来鼓励更多人参与传播科学。因为他知道，若要让自己拥有的天文物理专业知识传得更远、深入人心，他的疾病跟轮椅从不是最大的阻碍，真正的挑战是得先替每颗被压抑的好奇心装上火箭推进器。

当天下午，我通过电话接受了电台采访，谈为何霍金如此重要，一股脑儿地讲了10分钟。随后，我有感而发地在脸书上留下这句话：

“与其说霍金用生命做科学，不如说他用生命做科普。”

看到这里，你或许以为我想说的是“看这本书，学会知识写作，你也能像霍金一样有影响力”之类的。当然，没那么简单，但我想说：虽然斜杠/零工盛行、人工智能来势汹汹、碎片化学习让人焦虑，专业认同岌岌可危，但我却更相信知识传播的价值。专业知识从未如此精细分工，从未如此容易被误解，但我们也从未拥有如此好的机会，能够靠自己的知识，靠着自媒体操作，缔造过往唯有大企业、大媒体、大人物才能达到的成就。我相信这本书将能够提供有志于与大众对话的你，一个更有效率达到目标的方式。对专业人士来说如此，对像我一样的跨领域学习者更如此。

泛科学网站成立至今七年，谢谢过去七年来曾协助过我，以及仍在持续跟我共同努力的同事；谢谢数百位教授跟各领域专家；谢谢从我开始“用科普写作打造个人品牌课”起就立刻报名支持的同学；谢谢泛科学脸书专页上40万点赞支持的脸友、YouTube上8万多位订阅者、每月100万不重复的网站读者。若没有这段与各位同行的历程，就沉淀不出、精粹不了、升华不成这本书。

泛科学网站的 1.5 亿浏览量，当然还是比不上霍金博士，但想到我们正在跟随霍金博士前行，岂不是最大的快乐吗？

泛科学总编辑 郑国威

目 录

第二章
让知识更受欢迎的五种文类

第三章
如何让硬知识变成 In 知识

第四章
爆红知识文章的十个案例套路

第五章
如何精准推广内容，建立品牌认同

第六章
建立个人知识品牌的方法

第·零·章

为什么
你的专业知识
没人看？

0-0

专业者需要修炼个人品牌的理由

你不一定要成为网红，而是要让你的专业发挥正向影响力。

在这个社群媒体时代，知识经济的潮流中，你除了在自己的专业领域发挥影响力，你还可以利用专业来改变一些人，传递更正确的知识，提供更有效的技术。而这件事情并非只有网红才能做得到。你或许不是营销高手，不是天生表演者，但你可以通过有效的方法，成为专业知识的传播者，并利用你的专业知识来打造个人品牌。

我是泛科学的总编郑国威，泛科学在这几年来成为台湾最重要的科普平台之一，网站上许多科学知识文章受到读者们的欢迎，在 Facebook 上拥有大量的点赞、分享数，这些文章与作者不仅传达专业知识，而且内容本身还很有趣，能够打动人心，让专业知识就像娱乐内容一样受到欢迎，在这样的过程中，我们也学到许多用专业知识打造品牌的经验与方法。

因此，我们希望集结泛科学上的经验，整理出一套方法，帮助需要的朋友“真的用专业知识打造品牌”。

我看到许多具有专业的朋友，他们其实拥有非常多的专

NOTE 泛科学：http://pansci.asia/

业知识，也希望能够跟更多人分享。并希望通过这样的分享，让更多人能信任自己的专业。但是，他们却苦无方法。

为什么专业知识难以传播?

其实，这是一个加速时代的常态，在这样的时代，信息的传播速度，以及我们接触信息的方式，都产生了极其巨大的改变，也因此我们更需要来了解，如何更有效率地做专业知识的传播与沟通。

“有效的沟通，就是让对方理解与接受，并改变行为。

“而关键的问题是，许多专业知识的分享，似乎都让大众难以理解。”

对于大众来说，他们可能觉得，为什么这些专家、医师、科学家等等专业人士都不说人话呢？总是听不懂这些专业人士到底想要表达什么。

其实，专业人士讲话让人听不懂，有个很关键的原因，就是喜欢用专业的用语来表达内容。

善用专业名词，在同领域的专家与专家之间，可以准确有效、简洁有力地传达复杂内容。所以专业人士善于利用专业名词，以便高效率地沟通复杂的问题，只要讲一个专业名词，业内的人就知道想要沟通什么了，这可以大大降低专业人士、同侪之间沟通的成本。

不过，大众可不懂这些专业名词，所以当你的专业需要跟“业外”的人沟通时，就要改变你的沟通方式，不能再用写论文的方式来撰写你的专业内容。

再者，比较不好的情况是，有些专家会通过掌握这些专有名词，运用这些专用术语，来减少外界对自己专业领域的质疑，让大部分对这个专业只是略知皮毛甚至完全不懂的人，很难去监督这个专业。过去，卖弄高深或许可以让人敬畏，如今，这样的做法造成了很严重的反效果，让许多人对专业与专业工作者产生厌烦和不屑。

在专业养成的过程中，专家们不自觉会以专业的方式来写报告、做沟通。但是当转过头要面对社群，面对大众，面对需要你的专业来帮他们解决问题的大众时，专家就要改变思考，改变自己的沟通方式。

“大众或许不是对你的专业没兴趣，只是他们听不懂你说的专业。”

为什么专业知识需要妥善传播？

如果专家们只用自己的专业方式来沟通，将会带来不好的影响。

这样持续运作，专业就变成只在专业领域内才能讨论，久而久之会发现跨领域之间的协作变得越来越困难！在这个时代里，跨领域知识的运用又变得越来越重要，不同领域之间的协作，俨然已经变成常态。但是，却因为沟通不良，遭遇到了非常非常多的挑战。

“让专业被听懂，不只是为了建立个人品牌，也是为了更有效地跨领域合作。”

这样的情况会造成恶性循环，会让大众更讨厌专家，会让不同专业领域之间也彼此斗争。

并且因为大家觉得听不懂这些专家讲的话，我听不懂，你也听不懂，于是大家越来越无感，开始觉得这些专家讲的话反正跟我无关，不愿意去听专家说的话。

“当沟通不良的情况持续发生，最糟糕的情况，也就是对专业的否定。”

大众开始认为某种专业，以及掌握这种专业的人其实都是一群骗子，认为他们的专业一直都是瞎掰、欺骗，甚至产生出最极端的情绪，就是“反专业”的倾向，看到专业说词、专家现身就觉得是没用的、没办法解决真实问题的，心中直接排斥专家说的话。这样的情况已经在全世界发生，你我都可以联想到一些案例。

回过头来省思，不该把责任归咎在大众身上，造成这样的情况，其实是因为专家不重视专业知识对大众的传播。

你想让社群被假专业人士领导吗？

当越来越多的专业不受到重视，就会演变成有专业知识话语权的常常是名嘴们、网红们，当然他们不一定不好，可是当他们什么都评论时，有时候难免出现错误的知识和信息，可是专家们又没有能力去拨乱反正。

如今各种领域的专家，包含行政领域的公务员、大学教授、医生、律师等，这些专业过去都是我们非常尊重的专业，但现在社群上大家越来越不重视他们，也越来越不尊敬这些工作。他们也不懂得如何为专业发声，更别提本来就比较不受重视的其他专业工作了。

更有甚者，有越来越多的假专业人士，反而可以通过他们更擅长的沟通方式，代替真正的专家，发表错误的言论，但却在社群上广受追捧。这就是我们目前遇到的大问题，也是不管来自什么领域的你，所希望能够解决的问题。

这本书想帮专业者解决的问题

接下来，我们会带领各位了解如何重新拾回专业的沟通能力，让自己的专业被更多人所理解，并且被更多人所爱好，甚至在社群上建立起你的专业知识个人品牌。

你可以放心的是，本书不是要你成为写作高手，也不是要你成为专业网红，你可以没有高超的写作能力，你也可以不善于表演或搞笑。

“本书希望你同时是一位投注更多时间在专业领域持续精进的专家，但也能同时打造有影响力的个人知识品牌。”

这就是本书的出发点，也由此出发，设计出一套让各领域专家能边看边操作的专业知识写作方法。通过本书教你的“具体可行的方法”，你也能让自己的专业知识更有趣，被更多的人接受，并且用最少的时间和精力，建立起你的影响力。

第·一·章

知识写作
九宫格

1-1

结合专业知识与爆红元素的写作九宫格

用一套明确可行的流程，打造兼顾专业知识与传播效果的内容。

在我们泛科学的网站上，有许多科学家、心理学家、医师等专业人士发表文章，他们都是专业的研究者和工作者，但大多数不是专业的写作者，可是他们一样能够创作出受到社群欢迎，并且拥有大量点赞分享与点阅浏览的文章。

换个角度，在泛科学中有许多编辑，编辑们不一定是专家，但是通过结合专业数据的写作方式，再加上时而合乎情理、时而超越常理的诠释，让文章不仅有专业性，也有可读性，更进一步的还具有爆红的因子。

是什么样的写作编辑架构，让专业者、编辑们都能创造出既具有专业知识，又具有爆红元素的文章呢？

我身为泛科学的总编辑，要在这里跟大家分享我们长期经验累积的成果，把这套写作方法分享给大家。这套方法可以让专业者不需成为作家，也能生产出爆红的文章。这套方法也可以让编辑写出热门但又专业的文章。

我们是有一套明确的方法，而我将这套方法转化成“知识写作九宫格”。

这个九宫格的构想，其实来自“Business model canvas（商业模式图）”，也就是商业上常常利用于评估商业模式的九宫格。这张商业模式图，可以帮助你循序渐进分析客群、市场、营销管道、既有资源、成本结构，乃至于归纳出更精准的商业产品价值的主张。

关键就是，有没有一个思考结构，有没有一个循序渐进的创作流程，可以帮助我们“重新架构”自己的专业内容，把知识变成有用，还有趣的热门文章呢？

这就是“知识写作九宫格”的目的，尤其希望帮助专业者们，因为无论你的专业是什么，没有人天生具有写作能力，但人人都能利用这套九宫格的流程，创作出有潜力爆红的知识内容。

热点场景
谁？
为什么？
怎么做？
结果
展望
感受
参考数据
图片影音

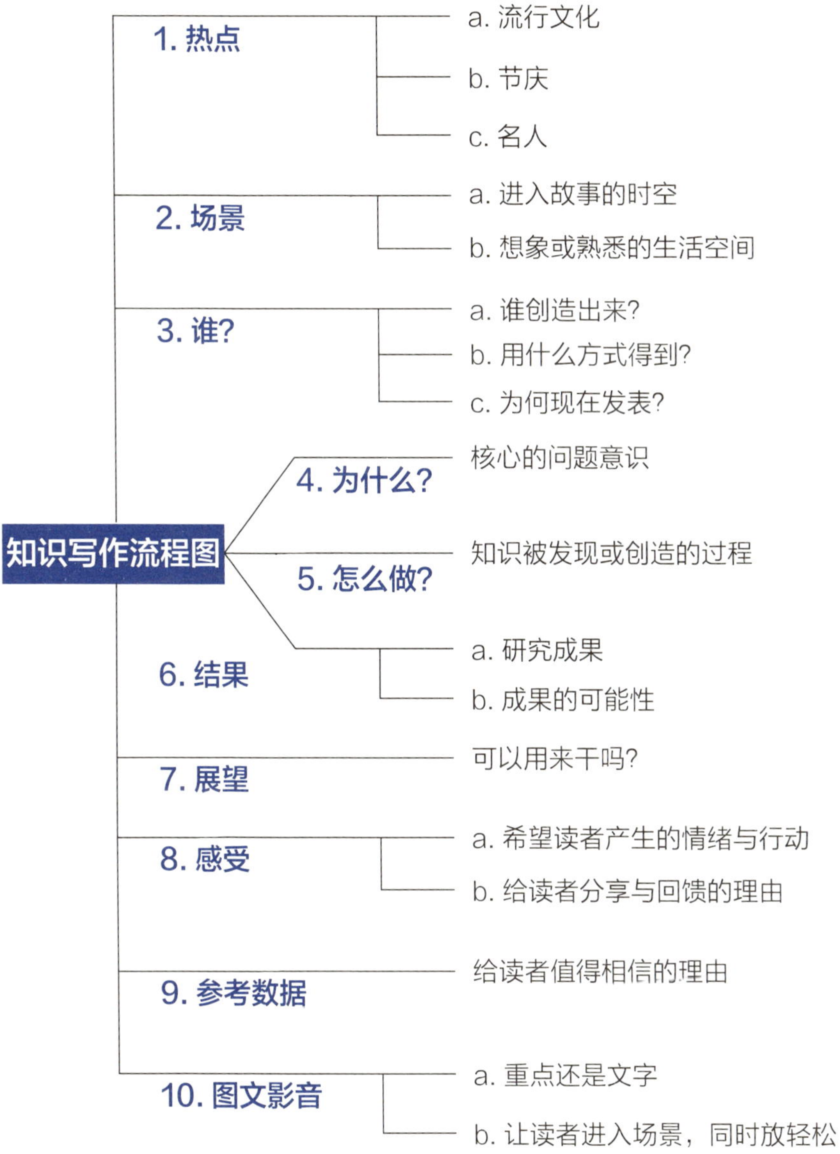
知识写作流程图
1. 热点
a. 流行文化
b. 节庆
c. 名人
2. 场景
a. 进入故事的时空
b. 想象或熟悉的生活空间
3. 谁?
a. 谁创造出来?
b. 用什么方式得到?
c. 为何现在发表?
4. 为什么?
核心的问题意识
5. 怎么做?
知识被发现或创造的过程
6. 结果
a. 研究成果
b. 成果的可能性
7. 展望
可以用来干吗?
8. 感受
a. 希望读者产生的情绪与行动
b. 给读者分享与回馈的理由
9. 参考数据
给读者值得相信的理由
10. 图文影音
a. 重点还是文字
b. 让读者进入场景，同时放轻松

1-2

热点

运用你也熟悉与喜欢的热点，让大众看到你的专业知识。

接下来我们要一格一格来介绍知识写作九宫格，首先第一格就是热点以及场景，这部分是构成“爆红元素”的关键，所以我们会将“热点”和“场景”分开介绍，但写作时它们是彼此相关的。

首先要引起大众的注意

为什么需要注意热点以及场景？大家都知道我们人的注意力通常很容易失焦，也容易分散，当在脸书看到一个很有趣的新文章，或是手机弹出一个即时通知，我们很容易就被吸引过去，甚至丢下我们正在进行的重要工作。

我们能专注停留的时间很短暂，如果不够有趣，或是不够吸引我，和自己没有切身相关的信息，我们就很容易跳过这样的信息，甚至只是点开来，连读都没有读就离开。

人们会去注意那些他们熟悉的东西，或是能带来惊喜的东西，在有限的时间与注意力下，甚至只有特别喜欢、特别有趣的东西才会让人们认真看完。但是，刚好我们的专业知识通常比较艰难，难以让大众产生兴趣。

也难怪专业知识在网络上很难传播，若坚持只写专业内容，更难引起一般读者的注意，而如果读者连打开来读都不愿意，你又怎能通过你的专业内容，去影响他们、改变他们呢？

所以，我们不是要讨好读者，也不是要舍弃专业，而是当我们真的想要利用专业知识做正确的事时，首先就要面对读者时间有限、注意力有限的问题，我们必须先引起他们的注意，然后专业知识才有可能传播，并产生影响力。

这就是为什么我们要来掌握热点以及场景。

用大家原本看着的东西来转移视线

那么什么是“热点”呢？简单来说，就是大家原本会一直看着的东西，原本喜欢看着的东西。

简单举个例子：请你现在举起右手，看着它，视线不要移开，右手姿势也不要动。这时若我要你在维持这个状态下看你的左手，你该怎么做呢？答案当然是把左手举起来叠在右手上。

这样顺着人“原本注意的东西”，把你真正希望读者看的另外一个东西移到其旁边，他们自然就会看见你想要他们看的。就是所谓的“热点”利用。

不是硬要他人去看，因为这样反而会让人抗拒。相反地，先让读者看到他们原本感兴趣的，然后把你想要讲的东西摆在他们感兴趣的东西旁边，他们的视线无须移动，就自然会看见你想要传播的新知识。

“通过热点的掌握，我们要运用大家原本的注意力、原本的视线焦点、原本感兴趣的东西，将原本大家不感兴趣的专业知识传播出去，让更多人看见。”

说到热点，有哪些热点是我们可以掌握的呢？这里我跟大家介绍三种通用热点，这三个通用热点也是你一定可以掌握的。

流行文化热点

第一个热点就是“流行文化”。

例如，流行的戏剧、流行的音乐、流行的游戏、流行的小说、流行的电影等，只要你认为目标群众非常感兴趣，都会讨论的文本，就算是流行文化。你虽然是一个专业者，但你也应该对某种流行文化有兴趣，这时候你就可以从这里出发：

“从你也感兴趣的流行文化中，去找到热点，吸引大众看向专业。”

在各种流行文化中，又以“电影”作为最重要、最容易取得、效果特别好的一个流行文化载体。

首先电影上映的时间在半年前就几乎确定了，所以可以提早安排写作。再者，因为电影上映之前会有许多的宣传，会有许多的曝光，电影公司本身就会推出许多电影海报、影片预告等素材以利于传播，也就是说，电影的宣传，就让大众开始关注这个热点，等于有人帮你创造好一个大众目光聚焦的热点了。

在等电影上映的时候，就已经有许许多多人都对这个电影感兴趣，在观影前或后都会搜寻这个电影的相关名词。在 Google 搜寻这个电影的关键词，就代表大家已经都看向这部电影了（不管是否有去看）。我们只要把专业知识也跟这个热点摆在一起，那么就更容易在大家搜寻时被看到，或在社群媒体上吸引读者的兴趣。

这个时候，我们就是运用流行文化中的“电影”，来为我们的专业知识做营销。电影是我们掌握热点的工具。

举例来说，假设接下来要上映的电影是漫威的《复仇者联盟》，那我们该怎么样让大家从原本对《复仇者联盟》的关注，转移到你的专业知识内容呢？这时候可以想想看，你的专业领域当中有哪些知识是可以跟漫威、跟《复仇者联盟》当中的角色或剧情相互搭配的？你可不可以用专业知识，来解读电影中的某些剧情、背景与疑惑？比如用心理学讲解一部热门爱情电影，用科学讲解一部最新科幻电影。

再举例来说，可能最近有流行的新歌曲，这些歌曲歌词部分，有没有可以跟你的专业可以搭配的呢？在这些歌曲中，有某些让大家朗朗上口、感同身受的歌词，你能不能利用自己的社会学专业或语言学专业，去讲解这个歌词中运用了什么符号，创造了什么样的集体意识呢？

这时候，大众因为对这些电影与歌曲感兴趣，也会对你的专业知识将要做出什么特殊的解释，感到特别有兴趣，目光就会看向你这边。

节庆热点

第二个通用热点就是“节庆”。什么叫作节庆呢？重大节庆大家都能想到，就是中秋节、端午节、春节，这些东西我们都叫作节庆，也都可以拿来利用。

当我和读者处在同一个文化圈时，我们都会对这些特殊的时间点、对这些日子感到特别敏感，当我们接近这些时间点的时候，我们的生活都会因为这些节庆的发生而产生改变。

“这时候大众的目光，甚至大众的生活需求，都会聚焦在这些跟节庆有关的内容上，也就是你吸引大家看向专业知识的好机会。”

比如说中秋节可能快到了，大家开始关注烤肉的方法，关注全家团圆的心理需求，关注赏月的天气，关注放假如何安排出游。或是端午节快到了，大家开始关注划龙舟的历史，关注包粽子的相关食谱等。

这些节庆是一个共同文化产生的，也是整个社会帮你预先设计好的热点，甚至能够影响人们的生活方式，哪能不好好利用呢？

“而且节庆还有一个特色，就是会重复地、周期性地定期发生，让你可以预先准备。”

也就是说这些节庆，都会让我们一而再、再而三重复地去关注这些日子的发生。每一年都有很多节庆，你不会缺乏可以利用的热点。

而且，也不只是这些传统的节庆，所谓的节庆，还包括“周期性发生的事情”。举例来说，百货公司的周年庆，也是定期会发生的事情。或者说学生的开学、学生的考试、寒暑假。又或者说很多的世界节庆日，比如说世界海洋日、世界穿山甲日、世界森林日，甚至是国际薯条日。

各种周期性发生的事情，有些不一定是那么跟大众相关，但是大众如果知道有这么一个特殊节日，心中也会想知道为什么？背后有什么意义？这都是你可以趁机引起大众兴趣的方法。

所以，这些节庆我们都可以利用，因为当这些节庆发生的时候，我们自然而然想了解这一节庆背后所承载的意义，并且通过了解节庆，来创造人与人之间沟通的话题。

也就是大家会想要聊聊这些节庆，如果你适时撰写了这样一篇文章，大家就会更想要分享，使之成为他们谈论的话题。

而我们就是要利用这个热点，提供大家可以讨论的话题，通过这个方式吸引大家间接了解你这个专业领域的知识，以及你的专业跟我们每个人都在过的这些节庆有什么关系。

名人热点

第三个通用热点就是“名人”。

这里讲的名人，就是能吸引大众目光的那些人，简单来说，名人就是“移动的热点”，他们本身就是大家的焦点，只要他们的名字出现，或是现身登场，大众的关注焦点就会往他们身上移动。

我们肯定都看过有些文章下这样的标题：“马克扎克伯，你错了！”或是“给马英九的公开信”。为什么这些创作者要写这篇文章呢？马英九真的会看吗？他们会不会看我倒不知道，可能不会，不会的概率还是满高的，但为什么创作者还是非常喜欢写这种“对有名人士喊话”的文章呢？

“其实非常简单，这些创作者不一定是真的想要写给名人看，而是想要写给大众看，只是通过这样的热点，让其他人反而都想看看你想要对这些有名人士讲什么。”

利用大家对于这些有名人士的关注来产生热点，让我们的专业领域和我们的知识，可以跟这些人做很好的结合。

"名人，不只是活着的名人，也可以是历史上的名人，甚至是小说动漫当中的名人，这些虚构作品中的人，也都可以被拿来利用成热点。"

除了这些之外，名人跟节庆中间还有一个连接点，也就是这些名人的生日跟忌日，这个也是周期性发生的。举例来说，爱因斯坦的生日和忌日，都可以再次介绍与他有关的那些科学专业知识。

当我们自身有些专业知识想要跟大家介绍，我们可以利用跟这些名人的联结，来让大家感兴趣，这是非常有效的方式。

泛科学作者问答

如何不落俗套地使用热点？

海苔熊 / 台大心研所毕业，彰师大咨商辅导所博士生。笔名海苔熊，是一种可爱与可口的动物。

从永恒的爱恋难题出发，联结各种影视剧、节庆，甚或是社会事件，海苔熊总能在超长篇文章里绕了一圈最后陪你聊到心坎里；要想到位地反映热点不只要有知识力与写作力，更要有意志力。如果你也想在热点中不落俗套地发挥自己的专业知识，以下是海苔熊给你的三个建议：

1. 要有放下一切、无论如何都一定要把文章写出来的决心；在这个阶段比起知识，足够的情绪反而还来得更重要。

2. 与其去琢磨读者会在意的内容，不如从自身角度去发展切入点。从自己会在意、特别会记得的点出发，写起来会更顺手。

3. 可以试试看具有冲突性、让人会感觉“以为是这样，但并不是这样”的角度，能激起的阅读跟与对话的情绪会更高涨。

1-3

运用热点的两个注意事项

热点不是热门就好，用错了也会让受众的焦点偏移。

现在我们知道，可以运用“热点”来吸引读者的目光，让他们看向我这里，并连带看到我放在热点周遭的专业知识。

不过，当你运用热点时，并非胡乱地把热门东西跟专业知识放在一起就好，也不一定什么热点都适合你来运用，如果运用不好，也有可能会引起反效果。

所以接下来，我要补充两个使用热点时的注意事项。

热点要跟你的目标受众对应

使用什么热点，对你想要传播的专业知识效果最好呢？这时候我们要先问一个问题：“我的目标受众（Target Audience，简称 TA）”是谁？

例如，你可能是要传播某种医学知识，但你的专业领域是关于老年疾病的，这时候你的主要 TA 就是年长者，而不是年轻人，而这两群人可能有共通的热点，也会有不同的热点。

若是用年轻人的热点，可能年轻人被你吸引来了，但看了无感，也不是你想服务的主要对象。反之，同样的情况，如果你的目标对象就是年轻人，想要告诉他们这种老年疾病的知识，让他们能够协助自己的长辈，那就更该用年轻人的热点。

“所以专业者要持续地去了解你的 TA（目标受众），了解他们所关注的流行文化、节庆、名人可能是哪一类？”

如果你的目标受众（TA）是 15 岁到 18 岁的年轻人，特别是学生，那他们现阶段可能会关注的是许多韩国的明星、许多韩国流行音乐，可能也关注许多 YouTuber。这时候，我们就要利用这些流行文化作为热点，或是利用这些名人来作为热点，吸引年轻人来看适合他们的专业知识。

假设你的目标受众（TA）是 50 岁到 60 岁的年长者，那这时候我们就要利用这个年代的人会关注的流行文化，或者他们可能是父母，利用父母会关注的节庆，把这些热点联结我们自身的专业领域，创造吸引他们目光的效果。

举个例子来说，当我们要讲大肠癌相关的专业知识，这样的知识对中年人来说更为关注，特别是要传播给年长者看的知识，那么这时候，我会用谁的案例当作目光焦点来讲呢？很有可能我会用诸葛亮先生来讲这个医学知识，这样才有办法吸引中年人、年长者的目光，并且让他们理解，原来这个专业并不是一个单纯的专业知识，而是他们平常所关注的名人身上会发生的事情。

要再提醒各位，你必须要知道你的目标受众到底是谁、你想要传播的这群对象会关注的热点到底有哪些，不要只钻研于自己的专业知识，而是要去知道你的TA聊天时他们关注哪些内容，用真正有效的热点去吸引你的TA。

为什么不谈时事热点？

所以我前面讲了哪三种通用热点呢？

- **第一个热点就是流行文化，如电影。**
- **第二个热点就是节庆，也就是这个周期性会发生的事情。**
- **第三个热点就是名人，也就是大家关注的有名的人，虚拟的也可以。**

这三个通用热点，之所以“通用”，好处就在于我可以“预测”他们会成为热点，于是从此刻就能开始规划一个月后、两个月后，甚至一年之后的文章，开始根据“确定未来一定会发生的热点”，规划我需要跟大家沟通的主题。

“这些通用热点可能会重复地发生，拥有长期的讨论价值，所以我们现在就可以加以掌握，可以有足够的时间事先做好准备。”

这时候，很多朋友可能会问，“时事议题”算不算热点？当然算，可是时事议题比较难掌握，原因就在于它可能是突然发生的，你不一定当下就能了解状况，也不一定有足够的时间去做准备。如果只是追着时事写文章，反而可能因为时事很快出现又很快消失，你来不及写，最后什么热点文章都没有创造出来。

而且时事议题很敏感，并且相对的变动性很大，可能牵涉许多负面的事件，可能还有很多变量，你当下看到的信息不一定是正确的。这时候，要搭配这样的热点写成文章，风险就很大，因为你可能会遇到很多争议，可能写错，可能会有很多不同立场的人来攻击你。

所以，当要用时事做热点联结自身专业的时候，自然比较具有挑战性。

所以我会建议我们先利用“通用热点”，也就是流行文化、节庆、名人等。这些热点好掌握，事先就知道会发生，并且相对争议性较小，如果真的应用得当，我们再间接利用时事热点，我认为这是一个比较循序渐进的方式。

1-4

场景

要吸引观众进入他们感兴趣的时空，让他们不想离开，深陷其中。

我们回到科学写作九宫格，来讲第一格中的第二个重点："场景"。

第一格中的热点讲完了，那场景的意思是什么呢？简单来说场景就是要让大家能够"进入一个故事的时空"。

让读者更容易进入的故事

什么是"进入一个故事的时空"？大家可能都听过，我们每次讲童话故事，开头都会讲"很久很久以前，在遥远的一个国度，有一个国王怎样怎样"，为什么每次讲童话故事都要用这样的讲法呢？其实非常简单，就是希望大家能够进入一个场景，进入一个大家可以想象的空间，这个空间可以是我们凭空想出来的，也可以是我们很熟悉的。

场景就是：

- **要引导大家进入故事**
- **可以是想象出来的时空**
- **可以是大家熟悉的真实时空**

举例来说，如果我们要跟 35 岁到 45 岁的，算是社会中坚分子的人，特别是刚当爸爸妈妈的人沟通的话，我们就要想象“他生活中最重要的场景”是什么？可能是陪孩子，可能是上班很忙，下班很累，可能是假日不知道要带孩子去哪里，可能是平常会喜欢去看电影，平常会喜欢去餐厅跟朋友们聚餐。

跟热点一样，上面这些“场景”，是你的目标受众的目光焦点，看到这些场景，他们觉得熟悉，他们感同身受，他们感兴趣。这样的一些场景，我们就可以应用在文章中，用在写作中，让大家愿意进入他们感兴趣的场景，或是让大家在熟悉的场景中了解你的专业。

“用目标受众感兴趣的场景，来吸引他们更容易了解你的专业。”

如何在文章开头设计场景

场景的应用可能像是下面这样。

我在文章的一开头，就跟大家说“当我们来到一家餐厅，看着菜单上琳琅满目的这些菜肴，你会怎么选择呢？”这就是一个场景。

餐厅的这个场景，可能让上班族想到聚餐的需要，可能让喜欢探索美食的中产阶级感兴趣。

然后我就可以开始分析，“面对琳琅满目的菜单，人们会如何做出选择呢？”原来我是要讲心理学，而且我的目标受众就是常常对人生抉择很焦虑的上班族，但是我利用一个上班族也很感兴趣、很熟悉的餐厅场景，吸引他们开始面对自己的选择焦虑。

也可能我的专业是经济学，通过餐厅点菜场景，我从经济学解释如何去做判断和定价？而我的目标受众是对理财有兴趣的中产阶级，餐厅也是他们的兴趣，我便利用这样的场景，引导读者进入我真正想要传达的专业领域。

其实我们可以从不同角度去切入场景，甚至是餐厅与生物学，我可以分析这个人在吃到美食的时候会有什么样的生理反应，进而谈论美食对人的科学影响。几乎任何场景，都可以找到与你的专业的联结，只要你发挥想象力，这些就是场景的利用方式。

想象目标受众喜爱的场景

确认你的目标受众后，我们需要做的就是想象一下，你的目标受众喜欢什么场景，可能是生活的场景，可能是虚拟的场景。

举例来说，我要针对上班族来传播专业知识，我先列出上班族几种不同的工作环境，比如说他可能是在办公室里工作的人，可能是时常需要搭飞机出差的人，又可能他是日夜颠倒的工作者。针对各种我们想象与设定出来的工作环境、生活样态，去设定属于这些人的不同场景，然后先跟你的读者分享这个场景，再提到你所要分享的故事，再讲到你想分享的知识专业。

你要讲睡眠的知识，你要先从日夜颠倒的工作场景开始聊起，设想一个夜猫族的故事，然后再用你的专业知识分析如何管理作息。这样你的读者才容易进入你的专业，或者对你要讲的问题感兴趣。

“场景可以是很生活化的，可以是我们生

活当中会发生的。但也可以创造一些我们本来是不会进入的场景。重点是这些场景大家都感兴趣。”

例如，前面说到童话故事当中设定出来的场景，或者我可以假设一个真实存在的，读者平常不会经历，可是他们感兴趣的场景，像是“你今天在国际太空站，上厕所的时候怎么办呢？”这时候就可以让读者进入一个太空站的场景，先描述太空站到底是一个什么样的时空。当读者跟着我们一起进入这个场景的时候，他对这篇文章的投入，把这篇文章读完的比率就会高很多。

热点和场景两个都非常重要，可以让我们有效地来掌握读者的注意力，延长读者的投入时间。

1-5

谁？

是谁发明这个知识？谁做了什么事情？让读者信任你的说法。

接下来要继续跟大家介绍，专业知识写作九宫格后面的其他格子，前面讲完热点以及场景，接下来跟大家介绍的是“谁”，但什么叫作“谁”呢？

“这个问题跟这篇文章到底能不能让读者感觉到信任有关，而一篇看起来值得信任的文章，更容易被传播与分享。”

信任的关键在于“人”

在这里先问大家一个问题，我们每天看到那么多的信息，我们到底要怎么判断它的真或假呢？这时候通常我会问自己三个问题：

- **是谁诉说这个知识的?**
- **他用什么方式得到这个知识?**
- **他为什么现在要让我看这个知识?**

第一个问题我要问，这个专业知识到底是谁创造出来的?

第二个问题我要问我自己，他这个人是用什么样的方式得到这样一个专业知识?这个方式当中，能不能合乎我本身的逻辑，我能不能信任这样的方式?

第三个问题就是，他为什么此时此刻要让我看到这个知识?为什么我现在才看到这个专业知识?他的意图是什么?

通常当我没办法判断一个信息是真是假的时候，我就会用这三个问题来评断我到底可不可以信任这样一个知识，可不可以信任这样的内容。当然，不是每个人都会跟我一样去问这三个问题，也不是看到每一则知识信息都得问自己这三个问题。

这三个问题归结来说，就是一个“到底是谁?”的问题，在文字背后说这个专业知识的人是否值得信赖。

但是，身为一个作者，我们就必须好好地思考，我们的读者可能在心里会问这些问题，就算他不是很主动问这些问题，心中其实还是存有疑问。如果疑问没有获得解答，他可能觉得这篇文章不值得信任，就不会想要传播与分享。

所以这就是我们接下来要介绍的第二个格子：“到底是谁？”的问题。

让读者了解知识背后的人

刚才讲到的关键词“谁？”，就是我必须要让读者知道，我现在要跟他沟通、说明的这个专业知识，到底是谁提出来的？谁发明出来的？谁推销出来的？这个“到底是谁”非常重要！

有时候可能就是作者自己，有时候可能是历史上或是现今其他的专业人士，例如，科学、医疗各个领域的专家所发展出来的专业知识，把这个知识由谁而来说明清楚非常重要。我必须要让这些专业人士的名字跟他们的单位，甚至是他们过去所做过的事，在我的文章中清楚地呈现出来，增加大家对于这个知识本身的信任。

“在你的文章中加入一段，介绍这个专业知识背后的那个人，可能是发明者、推广者、实作者，以及这些人所做的事。”

简单来说，如果我在文章里跟你说，这个知识就是来自英国研究怎样怎样，这时候你可能会觉得，这个英国研究不知道是哪里来的研究，好像不太值得信任。可是如果我跟你说英国曼彻斯特大学森林学系的罗伯特教授，他在最近的期刊上发表了一篇文章里讲到什么，这时候讲得够详细，提到明确的人与事，读者会觉得比较值得相信。

如果我们能够比较仔细地去描写“谁？”的问题，我们就能够让读者更信任，一方面提高了你的文章信任度，也可以增加你的文章内容。

更进一步说，如果我们对于发表或创造这个知识的“人”，有更多了解的话，甚至可以说一下他之前做过什么样的事情，来呈现出这个人的确是有那个专业，他的确是有这个资格来讲这件事。

这些关于“谁”的描述，都会变成读者阅读历程时自动纳入的证据，能强化专业知识的可信度，让读者觉得的确可以信任这个人，并信任作者现在引用这个人的知识来沟通。

很多科学文章、专业知识文章忽略了这个问题，读者阅读时就少了一层信任感，更无法被你的文章吸引而继续读下去，所以这也是非常重要的一个环节。

1-6

为什么？

让读者知道这篇文章值得他读下去，因为能真正解决他的问题。

刚才我们讲完了“谁”的问题，接下来要讲“为什么？”，我们必须在文章中找到，并明确解答读者的为什么，而不是只传达自己的专业知识而已。

这里我们要讲的就是文章必须具备“问题意识”，写过论文的朋友可能都知道，每篇论文要掌握问题意识，可是问题意识是什么呢？我们这里用一些简单的方式来说明什么是问题意识。

不只要让读者感兴趣，更要让读者觉得需要

我们前面已经讲到，我们要利用热点跟场景来吸引大家的注意力，这时候我们都会用一些非常有趣的标题，标题当中融合热点，并且在前言当中融合场景，让大家觉得这篇文章吸引到他们的注意力。

“但是只让大家感兴趣还不够，我们接下来要让大家觉得这篇文章真的是他需要的，真的对他有用，真的能解决他长久以来关心的问题。”

所以我们接下来要做的就是，根据你的目标受众，找到他们需要解决的问题，并且用你的专业解开他们心中的最大疑惑，解决他们在意的问题。

我们可以练习看看，有没有办法把想写的这篇文章归纳为一个简单的为什么？

你应该听过像是《十万个为什么？》这样的书籍，就是每一篇文章都很明确地要解答一个问题，对这个问题感兴趣、有需要的人，就会想要把这篇文章看完，因为解决问题是有成就感的，是对他们有帮助的。

一篇好文章，背后应该都有一个简单的为什么

换句话说，如果你今天想跟大家分享一个知识，不要只

是平铺直叙地介绍你的知识，而是要找到一个问题，通过“为什么？”抓住一篇文章的问题意识，让读者明确知道这篇文章是他需要的。

我们可以通过用“为什么”开头，写出这篇文章的第一个句子，来让自己知道，也让读者知道，这篇文章最核心的问题意识是什么，跟你的读者沟通你想帮他们解决什么难题。

而且这会是一个很有用的测试，如果你发现在写这个“为什么”的句子时，写得很不通顺，或写得很长，很有可能就是你的问题意识还不够清楚，也可能你把太多问题意识写进了文章中。可是这同时也会让你的读者产生混乱，导致他们看不懂你的文章。

这时候，你可以把为什么拆开，分成很多篇文章来写，每一篇文章都单纯地解决一个最核心的为什么。

又或者，你可能会觉得这篇文章可以有很多个为什么，你也不想拆开，这时候可以先找到这篇文章那个“最大最终极的问题意识”，在后面则是用其他的小标来铺陈每一个延伸的为什么，为了解答这个核心的问题意识，必须通过一个一个知识点的逐步说明，一个一个问题逐点解答，最终解决那个最大的问题。

无论是一篇文章解决一个单纯的问题，还是在一篇文章中，用逐步推进的方式去解答最终的核心问题意识，都是写一篇知识文章时，一定要注意到的文章架构。

“你的文章架构应该用符合逻辑的‘为什么’建立，吸引读者不断读下去。”

读者通常被你的“热点”“场景”吸引而来，通过“谁”发展出初步信任后，马上就会想知道：“这篇文章到底对我有没有用？我是不是值得读下去？”

在这个阶段，读者决定自己要不要继续读这篇文章，身为创作者，我们就必须要能够让他知道“为什么这篇文章是他需要的”。

我们不能只是利用了读者原本的注意力，利用了读者原本所关注的热点，我还必须要让他知道为什么他需要获得这个知识？为什么这个东西值得他继续读下去？

泛科学作者问答

这个知识为什么读者需要？

潘昌志 / 震识副总编辑、泛科学专栏作者

在台湾，我们对地震都不陌生，但谈得上熟悉吗？大地震无法预期、我们也不希望它发生，但当地震来临，却又渴求知道更多关于它的知识。“地震”正是这样特殊的主题，那么专注于地震科普的“震识：那些你想知道的震事”又是如何掌握自己知识的热点跟场景，在平时吸引大家认识地震，在遇灾时做出快速的反应呢？震识的副总编潘昌志（阿树）经历过许多热点事件，例如，看似不相关其实可以借此传达地震科学研究方法的朝鲜核弹试爆；另外一次则是你应该记忆犹新的花莲大地震，在这急难之时更能呈现出科学家的工作依靠日常的累积。以下是他提供的三个好建议：

1. 地震事件往往来得又急又快，得要在短时间内吸引群众目光，其实也仰赖长期的内容积累。

2. 那在平时没有事件时又该如何维持谈论的热度呢？震识也同时发展了许多与地震相关的跨域主题，像是历史中的地震等，以多元的视角将科学家如何思考“地震”这档事呈现在大众面前，也期望如此一来能让有志投入地震领域研究的人能通过震识对地震研究有更多的想象。

3. 联结热点跟时事的写作需要平时训练，可以用副标题的方式做练习，刺激想象力，但不用每一次都写出完整的文章。

1-7

怎么做？

学会通过文章里的“How”，长期累积读者对创作者的信任感。

接下来我要跟大家讲的下一格，就是“怎么做？”。前面说到作者写一篇文章要替读者自问三个问题：“谁（who）？”“为什么（why）？”，第三个就是“怎么做（how）？”。怎么做？就是这个知识到底是怎么创造、发现或推演出来的？

尤其这个“怎么做（how）？”是很多专业知识的文章、科普文章容易忽略的一点，但却是很重要的一点。

容易被忽略的提升信任感的关键

为什么大家在专业知识写作时，很容易忽略知识产生的过程呢？其实是因为一个专业知识探索的过程，通常是比较繁复的，大部分的作者会在这个部分做很多的省略，甚至不讲，有时候我们就会很直接去调用一些知识的结论，然后直接告诉读者，过去某个科学家发现了什么、现今科学知道什么是什么……但是我们却很少跟读者好好地沟通：为什么会发现这个东西呢？发现跟发明的过程是什么呢？

当然，科学写作的九宫格，并不是每一格都要写到满，这是作者可以自己决定的。

但是我建议大家，不要过度省略“怎么做（how）”的这个部分，不要省略如何得到这个知识的部分，我们要尽量让读者知道，当初发明或当初钻研出这个知识的人，他们是通过什么样的过程来得到这个知识。

为什么要说清楚这部分呢？因为这可以更进一步强化读者对这篇文章的信任感，也强化读者对你个人知识品牌的信任感。

“文章要有吸引力，也能解决真正的问题，也要让读者感到可信任。”

不只让读者想看，更要累积读者对你的信任感

如果我们能将这部分讲清楚，让更多人能够理解，也让读者不只看到你的知识结论，更看到这个知识产生的过程，其实你的读者会更信任你，他也会从逻辑上去推演，这个知

识通过这样的方式来得到，的确是有可能，而且是有价值的，因为你能够讲得清楚。读者甚至会认为，你本身也是有办法去执行这样一个知识探索过程的人。

只要在文章中多用心描述知识产生的过程，就会有效地累积读者的信任感，而累积信任感，正是经营个人知识品牌非常重要的一个关卡。

如果我们略过这部分，没有告诉大家如何做到这件事情，其实也会造成我们读者的思维没有办法提升。如果我们希望读者的思维程度能够随着我们文章的阅读过程持续提升的话，就需要让我们的读者知道，到底这个知识是通过什么方式，就是“怎么做（how）？”而被发明、发现或推理出来的。

1-8

结果与展望

如何写出让读者信任的，觉得有用的文章结论？

接下来要跟大家继续介绍专业知识写作九宫格后面的其他几格，前面几个部分，我们从热点到场景，从谁、问题意识、再到怎么做，在这个过程当中，我们已经大致上掌握了一篇专业知识普及文章基本的样貌。

利用前面几个架构，你的文章也大概快要写到结论了，所以接下来将告诉大家九宫格中两个跟结论有关的格子：“结果”“展望”。

很多时候，我们跟大家分享的是科学家探索、专业人士探索后的某个知识，这时候我们不该只是介绍了知识就结束，还要告诉大家，这些专家通过这些专业方法，在回答了某个问题意识之后，他们最后达到了什么成果。他们最后获得了什么？其实讲简单一点，也就是他们的研究成果。

不过，“研究成果”要介绍得好，其实不是那么简单的，必须要注意两个问题。

正确传达研究成果的“可能性”

介绍研究成果要掌握的第一个重点，就是必须要正确地传达“可能性”。

什么是可能性？许多专业知识或是科学研究，它们的发现其实来自一个实验室的环境之下，或者是在某个概率之下，也就是说这个事情并不一定会出现、并非百分之百会发生，或是说任何情况都一定会这样进行。可能有概率、比例，有限制的前提条件，这个研究成果只是告诉我们某个方向或是某种可能性。

我们必须要适当地让我们的读者知道，这个研究成果只是一个可能性。

假设一下，今天我看见一个研究消息说吃什么东西可以抗癌，真正的实验结果可能告诉我们的只是多摄取这样东西里的某种元素，在某个受控制的实验环境之下，在某个实验动物的身上，我们观察到它的肿瘤缩小了。但是很多时候，在一些不够扎实、不够精确的科学报道当中，就会变成直接下结论，说吃什么东西可以治疗癌症，吃什么东西可以不发胖，或吃什么东西就可以让你长命百岁。

这样武断的结论，通常会引起争议，降低读者的信任感，这也是造成许多人对科学等专业知识越来越不信任的原因，因为有太多未能正确传递“可能性”的内容，在我们的网络、媒体上充斥。我们一定要记住正确地传递这个知识的结果与可能性。

“你会发现，正确传达‘可能性’时，虽然没有确定的结论，但读者反而对你的信任感提高了，对你经营个人知识品牌反而更有帮助。”

展望研究成果的“发展用途”

接下来，我们要通过研究成果或专业知识真正要告诉大家的，其实不是现阶段的一个结果，而是，未来的展望。

延续前面那个假设的抗癌研究，虽然我刚才说的这个研究成果只是一种可能性，我说得很保守，它可能是在实验环境下受控制的一个实验动物身上的某个结果，可是大家还是会想知道，既然做这个研究，既然我们了解了这个知识，那这个知识可以用来干吗？这个信息可以用来干吗？

“你的读者会想知道，这个知识与成果到底可以用来做什么？”

毕竟，大多数的人，并不是你这个专业知识领域的人，他们获得这个知识并不是为了投入专业研究，而是希望可以应用在生活上、应用在人生上。所以，我们要给大家合理的、和他有关的未来展望，告诉大家，知道这个事情之后，可以拿来干吗？科学家或专业人士建议我们可以怎么样去改变目前生活？

假设来说，今天科学家发现了睡眠跟减肥有相关性，睡眠不足可能会造成肥胖。这时候，对科学家来说，他可能从目前达到的阶段性成果，去做后续的研究。但对大众来说呢？或许，我们就可以去改善睡眠习惯，来让减肥目标更容易达到，这个就是所谓的未来展望，让我们知道我们可以拿这个知识来干什么。

不过还是要回归到刚才讲的那一点，我们在传达结论成果的时候，都要知道这是一种“可能性”，不可以过度斩钉截铁。当你看到有些专业内容写作得过度肯定时，反而是需要质疑的喔！

1-9

感受

把情绪融合在文章中，才能激发读者的下一步行动。

接下来要跟大家讲的，就是写作九宫格里的“感受”。

很多人觉得这种科学传播、专业知识分享，是不是都要比较中性，应该要比较中立，尽量追求客观，所以就不用跟读者分享我们的感受呢？

其实，我是抱持着相反意见的，就算是客观的知识写作，也应该要包含主观的感受。

不只引诱读者读完，更要引发他的行动

“我们之所以想要写作、想要分享，就是希望读者在看完这些文章后，能够产生出一些情绪，而且我们还希望这个情绪可以带着读者去做出一些行动。”

前面也讲到一格“为什么？”就是这篇文章要解决读者哪个核心问题，既然要解决读者的问题，就表示我希望通过这篇文章，给读者带来一些改变。要改变就必须采取一些行动，那么，读者光是看到问题解决的研究过程，就会想要行动吗？

这里所谓的行动，也不只是读者去采取改变的行动，还包含要让读者愿意分享、传播你这篇文章的行动。

这时候，只有知识的解析，要触发读者的行动是有难度的。

所以，我们要给予读者一个行动的动力，而刺激行动的最佳因子就是情绪。

可以引发读者行动的情绪铺陈

那么读者会因为哪些情绪来做出行动呢？

可能是他感到兴奋、快乐、愤怒，或是感到热情、生气，这些情绪就是读者之所以会进行下一步行动的关键。

如果他只是看完一篇文章，但是没有任何情绪发生的话，其实他也没有办法对这篇文章、对这个品牌产生任何感觉，也就很有可能不采取任何行动。

感受是很重要的，那感受到底要怎么铺陈？

其实一开始我们从设定热点讲起，就是试图把感受放进来，用目标受众感兴趣的热点，引起他们的感受。接着，我们开始设定场景，我们带领读者进入一个时空，也就是在创造一种感受的氛围，其实我们就已经把感受的沟通融合在九宫格的文章架构中了。

最后到我们行文的过程，其实所有的用字遣词都在传达出一种感受。我们要让读者知道谁创造了这样的一个知识，为什么这个人要这样做？背后有什么样的热情与动机？而我们撰写这样的一篇专业文章，我们如何迫切地希望解决读者的核心问题？是因为最终我们希望读者感觉到很有希望吗？还是觉得很难过？还是要觉得紧张焦虑？这些都是激起行动的动力。

所以，把感受融合在文章中，是非常重要的。你还可以主动鼓励读者点赞或收藏、分享这篇文章给需要的朋友；也可以提问读者一些有趣的延伸问题，请他们响应；也可以扣住文章主题，再用激问或反问的方式，促使读者讲出心中的感觉。

1-9

参考数据与图片影音

最后要跟大家分享的，是专业知识写作九宫格最后的两个格子：“参考数据”“图文影音”。一起介绍，是因为这两格算是补充性的格子，尽管也非常重要。

列出参考数据的帮助是什么？

第一个补充格子就是“参考数据”。

参考数据？这不是很寻常的东西吗？大家可千万要注意，参考资料是让读者决定你这篇文章到底值不值得相信的最后一个关键。

大部分的时候，我们看到一些科学的报道，或是一些网络文章，通常不会列出参考数据。但没有列出参考数据的时候，读者都要花比较多的工夫去找到原始的数据源，才有办法了解原始的资料到底是怎么说？这篇文章有没有误解原始资料？

尤其如果说我们今天面对的是一些比较高阶或更有学习动力的读者，他可能就会想要了解这些数据的出处，我们就要提供他们文章里的引用出处。

> **“让高阶读者愿意信任，是经营个人知识品牌的关键环节，因为高阶读者很有可能会是最能帮你传播，帮你扩大影响力的读者。”**

列出参考数据有几种方式：第一种方式，就是我们通过超链接，在各个段落行句当中直接给大家出处。第二种方式，就是把所有的参考数据都列在文章的末段之后，让有兴趣的人在看完文章之后，可以自己再去查看数据，进一步了解更多。

有了参考数据，其实也会让读者觉得这个作者非常贴心，而且非常开放，非常坦诚，他敢于让读者去检视他的写作所应用的数据，代表这个作者也非常专业。这是非常好的一个方式，可以让读者更信任你，也会让读者更相信你的专业。

图片影音多媒体如何应用？

最后一个就是图文以及其他的多媒体。

我们讲到经营个人知识品牌，进行专业知识写作，通常讲的就是在网络上写作，在网络上传播。既然我们大部分的写作就是在网络上发表，那么多媒体的呈现当然是一个很重要的关键，可以用哪些多媒体，又要怎么运用呢？

我可以在文章中插入图片、影音，不管是 YouTube 还是来自其他的网站，我也可以加入其他多媒体呈现，如声音。但是不能忘记的是，我们核心的主体还是文字，影音图片只是搭配。

那为什么要加入这些？通常图片影音的目的，并不是增加这个内容的厚度，也不是增加文章的核心知识。在一篇专业知识普及文章中，文字本身可能就是最复杂的部分，已经需要读者花很多时间去理解了，所以这时候，我们需要插入语音、插入图片，其实是要让读者可以放松，以及持续地吸引读者的注意力。

回到我们之前一开始讲的热点和场景，我们必须要让读者身历其境、感同身受，并且饶有兴味地去看待你的文章。

所以我的做法是会在每三四百字左右插入图片，让大家的认知负荷能够稍微减轻，舒缓认知疲乏。当读者打开计算机或手机看这种分享专业知识的文章，就算我们写得再好，写得再亲民，其实对读者来说还是不太容易一口气读完，对读者的认知负荷是有点大的。

可是要把专业解释清楚，也不得不这样写，所以我们要通过文章里的图片和影片，给读者一些放松的空当保持吸引力的节奏。搭配图片，读者一段一段看下去，就能把整篇文章读完。

很多人会问，一篇文章到底该写多少字？其实字数真的不是问题，而是编排，如果我们善于利用图片影音插入到文章当中，就可以让读者比较轻松地读完全篇文章。

当然这中间还包括小标题、颜色的搭配，这些东西都可以有效地让文章更容易阅读，更让人觉得虽然文章内容知识很丰富，而且文章长度也不短，但是他可以一段一段地来把这篇文章看完。

以上就是我们的专业知识写作九宫格，只要掌握这些架构，你就能把自己的专业知识，转化成读者看得懂、有兴趣、愿意传播分享的热门文章。

泛科学作者问答

如何在知识文章里正确引用数据？

林大利 / 来自森林系，目前在于特有生物研究保育中心服务。兴趣广泛，主要研究小鸟、森林和野生动物的栖地。

出门总是带着书，写作范围广泛、从学术、科普到翻译都擅长的林大利更是一位龟毛的读者，对自己的著作也秉持着龟毛的美德；而在知识写作中也要很龟毛对待的一个环节便是“数据引用”，包含编译在内的科普写作，到底在引用资料上要注意哪些事项呢？以下是林大利提供的几个建议：

1. 要注意外电（指外国通讯社的电讯）内容的原始来源，分清楚引用数据与延伸阅读的差别。编译文章可以把外电当成参考数据，但也一定要把最原始的文献挖出来，单纯只把外电报道放在参考数据是不恰当的，因为它们大多是二手数据；不过外电报道可以当成搜集资料的来源，以及掌握新信息的管道。

2.引用格式对科普写作来说不是最重要的，只要让相关领域或是需要文献的人知道怎么查找就好；范围也不仅限于期刊论文，还有书籍、网站、报纸杂志等，关键是尽量提供出处。这样的目的是：(1)为自己撰写的信息提供依据；(2)彰显研究者的贡献；(3)给读者提供进一步的信息。

3. 文章内可以有自己的观点，但客观的事实跟个人的主观论述要分清楚，读者才不会混淆，也才能更信任你；主观的观点和客观的研究结果可以明确区分为不同的段落。

知识写作九宫格与文章架构

前面我们完整教你写作九宫格的每一个关键，现在让我们搭配一篇文章的实际架构，来看每一个格子如何组成一篇文章。

<table>
<tr>
<td rowspan="2">（文章标题与开场）热点

（文章开场）场景</td>
<td>（文章内文）谁？</td>
<td rowspan="2">（文章内文解释）怎么做？</td>
<td>（文章结论）结果</td>
<td rowspan="2">（文章表达方式）感受</td>
</tr>
<tr>
<td>（文章逻辑思路与小标题）为什么？</td>
<td>（文章结论）展望</td>
</tr>
<tr>
<td colspan="3">（文章补充）参考数据</td>
<td colspan="2">（文章阅读节奏）图片影音</td>
</tr>
</table>

知识写作九宫格与用途

下面，我们再整理另外一份对照表，让你了解每一个关键实际要达成的写作效果是什么。你也会发现，一篇好的专业知识写作，无非就是要能吸引读者、说服读者，以及引发读者行动。

<table>
<tr>
<td colspan="2" rowspan="2">（吸引读者）热点

（吸引读者）场景</td>
<td colspan="2">（说服读者）谁？</td>
<td colspan="2" rowspan="2">（说服读者）怎么做？</td>
<td colspan="2">（说服读者）结果</td>
<td colspan="2" rowspan="2">（引发行动）感受</td>
</tr>
<tr>
<td colspan="2">（引发行动）为什么？</td>
<td colspan="2">（引发行动）展望</td>
</tr>
<tr>
<td colspan="5">（说服读者）参考数据</td>
<td colspan="5">（吸引读者）图片影音</td>
</tr>
</table>

第二章

让知识
更受欢迎的
五种文类

2-0

不是作家也能套用的热门写作题目

除了论文、报告格式之外，专家也能上手的好读写作格式。

在前面的部分，已经跟大家介绍了专业知识写作的九宫格，这九宫格的目的，是为了可以快速地帮助大家架构出一篇文章梗概，并且帮助你把“专业知识”跟“爆红元素”结合在一起。你只要通过这九宫格里每一格提出的架构，当作问题那样来一一回答，把你所要传播的一些知识重点一个一个填进去，基本上你的文章大致就成型了。

从知识写作九宫格来看，你的一篇文章要有“热点场景”吸引读者，要解答“是谁”“为什么”“怎么做”等问题，在结论时要能结合“可能性”与“发展用途”，全篇文章要引发某种“感受”，并且记得补充“参考数据”“图片影音”来强化，这样一篇文章，就能具备吸引力、说服力和促成行动。

但是，仔细想想，在写成一篇有魅力的文章之前，是不是还少了什么呢？对于不是写作高手的专业者们来说，在写成一篇文章之前，还需要解决的问题就是：

“如何找到可以写的题目？如何有源源不绝的内容题材可以写？而且这些题材还是读者爱看的？”

对于专家来说，说到写作，似乎想到的就是论文、报告。可是读者不一定爱看这样的文章，这样的文章除了研究用途外，也不一定能够创造影响力、传播力。

那么除了论文、报告外，有没有哪些“题目”是适合知识品牌来写的呢？而且这些题目很好上手，甚至可以重复使用，任何专业知识都能搭配，并且最重要的，这些题目很受读者欢迎，读者看到这样的题目都会特别想看呢？

接下来，我们来跟大家讲讲在科学以及专业知识写作上面，我们可以应用哪些写作题目与它们的固定格式？

教学文

第一个受欢迎的写作题目，就是“教学文”。什么叫作教学文？就是把大家所不知道的事情，用一个一个步骤清楚讲解，像是一份食谱，有精准的材料比例、制作步骤、火候控制，想做菜的人只要照着食谱做，就能做出八九不离十的相同料理。

如果你的知识关乎到某种可以“实际执行”的行动，那就可以把专业知识用很像操作流程的方式写出来，甚至加上图文教学。让大家了解，通常这样的知识是要解决什么实际问题？如果想要解决问题，就告诉读者可以怎么做到。只要照着我的文章里的方法这样做，就能达到什么样的可能效果，你也可以在操作步骤中趁机补充一些知识原理让读者知道。

例如，用医学、心理学等专业知识，来教读者如何改善自己的睡眠，从饮食习惯、卧房布置、灯光调整、气氛营造等，像是教学文一样，一步一步让读者可以实际去操作，但背后当然有你想要传达的专业知识在其中。

“如果你不知道自己的专业知识可以变成什么文章，但你的知识可以解决某种实际问题，那就可以把知识变成‘教学文’。”

通过这样的方式，你可以很快找到文章的题目，也很容易就能把这篇文章写出来，因为专业知识你已经有了，你也一定知道要怎么解决问题（因为你是专家），你只是需要把教学步骤清楚地写出来，让大家可以跟着操作而已。

更重要的是，教学文在网络传播上不仅效果好，在打造个人品牌上更是特别关键，一篇篇好的教学文，可以很快累积对你的专业知识感兴趣的人。如果具体操作了有效果，更能很快累积信任你的知识品牌的人。

此外，当读者看到有人愿意把专业知识变成教学文来分享时，读者也会认为这个专家不是一个象牙塔里的专家，而是一个有非常多实际操作经验的专家，所以才能把知识变成可以操作的步骤，而这也间接地让读者认为这个专家的能力更好、学问更好。

如果你的教学文真的很明确地把知识转化成一个个教学步骤，这些步骤也具体可行，那么这篇文章就会让许多人愿意去分享。因为大家都想要有所改变，只是就算看再多知识，也不知道怎么操作，需要有人明确地告诉大家可以怎么去做。

把专业知识变成教学文，对专家来说是相对简单的，这样的教学文效果很好，非常值得大家试试看。

“一篇好的教学文，让人乐意分享，亦可以累积信任，建立知识品牌的声誉。”

新知文

第二种受欢迎的写作题目叫作“新知文”。

顾名思义，新知文就是要告诉大家，在这个专业领域里，最近发现了什么？这个知识领域有没有哪些新的拓展？有哪些很有趣的新东西？或是有哪些新的争议、讨论？

“人人都想追求新鲜有趣的东西，你就把知识里的新东西告诉大家。”

就像大家每天都想看看新闻，本质上人们想要获得自己还不知道的新东西，而且在社群时代，人们还想要比别人更快知道新东西。

这时候，在你的专业知识领域里，有没有新出现的研究？新发展的论点？新发现的现象？你可以跟大家介绍这些新东西，变成你的写作题目。

通过新知文，除了吸引追求新知的读者的目光外，读者其实也会感受到你是这个领域真正的专家，你对这个领域的新知识追得很勤奋，而且对这个知识的脉动掌握得很实时，这同样会增加读者对你的信任感。

并且如果这个读者真的开始对你的专业知识有兴趣、有需要，他们想获得新知时，就会再回到你的网站或社群账号，因为他们知道随时关注这里，就可以第一时间获得新知识。

所以，新知文也是我们非常推荐的写作方式，对专家来说也好上手，就是把你关注与看到的新知识介绍出来，这也是最容易应用九宫格的文章类型。

泛科学作者问答

如何把新知文写得让人有共感?

Gene Ng/ 来自马来西亚，现居风城，任教于台湾清华大学生命科学院。

科学新知内容丰满，但写出来却总是有点骨感。该如何让自己看到很兴奋的新知也能写得让人有共感?

从科景到泛科学、台大 CASE 科教中心、Inside 硬塞的网络趋势观察，专栏多产质精的 Gene Ng，有着丰富的科普写作经验与惊人的阅读量。到底该如何把新知文写得好吃好玩又有趣? 以下是他给要动键盘写新知文的你三个好用的建议:

1. 不是试图把枯燥的主题写得有趣，而是要把你觉得有趣的东西写得有趣。如果连你自己都不觉得有趣，哪有可能可以成功推给其他人呢? 关于选材也要注意，如果没有底子或是初学者的话，要避免去碰触太生硬的主题，因为要写清楚脉络是不容易的。

2. 要了解你的目标读者是谁，他们在意什么事，并且将他们关心、觉得有趣的事情跟你要谈的主题做链接。

3. 网络阅读跟书籍差很多，差异不只在内容长度，还有节奏。要在前三段就能引人入胜，不同段落也要再抛出子题或是悬念，拉回读者的注意力，搭配细节描述产生画面感，更能在读者心中留下深刻印象。

翻案文

接下来，第三种写作题目是“翻案文”。

什么是翻案文呢？我们可以用一个起手式来简单概括这样的写作格式：

“你以为是怎样，但其实是这样！大家都以为是这样，但其实这件事不是这样！”

这就是翻案，推翻大家原本以为的认知，告诉大家完全不一样的真相，于是大家会觉得惊奇，也会认可带给他们更正确知识的你。

这样的写作方式，其实能够有效吸引许许多多人的目光焦点，并且会获得非常大的分享量，因为大家都不希望成为“不知道事实真相”的人。而如果我知道真相了，我也会想要分享给别人，一方面让别人也知道，另一方面证明自己先知道了。

这是一个非常强大的心理诱因，用这样的起手式来写作，会让很多读者觉得，这个作者会告诉我一些本来我误会的事情，或是告诉我一些我的朋友可能误会的事情。我先知道这个事情，我就可以分享给我的朋友，让更多人不再继续被骗。

翻案文的写作方式，也是有效推动学习的方式，不只是大家想分享，而是当大家被一种彻底翻转的知识“点醒”后，更会想要去做出改变。

你可以找找看，在你的专业知识领域中，有没有大家常常误会的事情？部分人可能搞错的事情？你就可以把这样的谣言、误传当作你的题目，用你的专业知识翻转他，点破谣言，讲出真正的知识，这就是翻案文。

翻案文的基本格式并不难，就是去思考：“大家都以为是怎样的事情，但其实在专业者看来并不是这样。”但翻案文因为要颠覆读者原本的认知，因此在用字遣词和引用数据时也要更加严谨。要是弄不好，当读者已经被你激起高昂的情绪和好奇心，反而会产生“逆火效应”，也就是读者不但不认同你要给他的正确观念，反而更坚定原本的错误观念，请务必要小心。

热点文

第四种写作题目就是“热点文”。

热点文不需要太多的说明，就是把我们写作九宫格里的第一点放大，专门针对热点来撰写一篇知识文章，你可以参考我在第一章里所举的各种热点文章。

“利用热点来找题目，也可以让你的写作素材源源不绝。”

还记得吗？我们说过热点是会不断重复的，而且社会上会有许多不断新出现的热点。因为不断重复，所以每隔一段时间都可以用类似的主题再写一篇新文章。因为不断有新热点，所以你也可以找到很多新题目。

更棒的是，这些热点已经是大家的目光焦点，所以我们也不用烦恼这个题目到底受不受欢迎、到底会不会是大家关注的内容了。

大补贴

最后一个要跟大家讲的写作题目是“大补贴”。

大补贴跟前面几种题目，包含教学文、新知文、翻案文、热点文有什么差别呢？所谓的大补贴，就是在你写作的时间很有限，或者你要写的知识点很庞杂的时候，可以用这种方式，也特别适合初学者。

“大补贴可以让你用最短的时间，把复杂知识变成受欢迎的内容。而读者也喜欢这种可以快速学习的内容。”

为什么大补贴有这样的效果呢？大补贴的文章，我相信大家都应该看过，例如，“这十种蔬菜要多吃”，又或像“这十个生活小习惯，赶紧学起来”，就是大补贴类型的题目。大补贴就是让大家感觉到，这是一次满足大量学习需求的文章，又或是一个完整知识包裹的清单。

大补贴的题目，当然不一定要十点，你要用五点、七点、四点、二十点都可以，关键就是要把各种多元小知识集结在一篇文章当中，让读者一次学会。

大补贴跟懒人包不同，后者指的是为了刚开始关注复杂议题的读者，整理已经太过庞大的讨论分支，尽管有时看起来会很类似。大补贴的好处是你不用每个知识点都解释得非常清楚，你也不用花很多力气去想怎么教学，怎么翻案。因为你需要的只是“整理起来”的功夫而已，对专家来说，这些功夫说不定在你做研究时已经知道了，你只要列出来，写得简单易懂即可。

当你的写作时间比较有限，你可以先去搜集关于一个专业领域知识的知识点，然后把它们列出来，一则200~300字即可，加起来一篇大概就有2000字！这样的简短内容当然无法满足想读深度内容的读者，因此除了练笔，比较适合用在轻松一点的主题上。

举例来说，如果今天想要跟大家沟通海洋知识，那我可能就写“十个关于海洋垃圾，你不知道的事情”，或者“十个你可能误会鲨鱼的事情”，是不是真的只有十个可以写，当然不是，但只要列出十点，对大家来说就有帮助，就有学习效果，大家也喜欢这类文章。

换个角度，我们也可以运用大补贴的方式，搭配刚才上面讲的这四种写作的方法，包括教学文、新知文、翻案文、热点文来整合出一篇文章，例如，“某某专业领域的五个新发现”“关于睡眠的十个可行方法”，文章内容可能不那么连贯，但是每一个知识点并列之后，会给读者数量大就是美的感受，觉得这篇文章很丰富，很多元。

讲到这里，你还觉得自己虽然有专业，但是想不出什么题目可以写吗？

让我们再回顾一下：

·你可以利用教学文，让大家觉得你是一个热衷于分享，非常专业的人。

·你可以利用新知文，让大家觉得你是一个掌握行业、掌握专业领域脉动的人。

·你可以利用翻案文，说明你是一个不畏主流权威，敢于说出真相的人。

·你可以利用热点文，炫耀一下自己对热点的掌握。

·你可以利用大补贴，给读者分量小、好消化的知识，平常就收集一些简单的知识点，然后整理成为一篇完整的文章。

我们可以通过上面几种写作题目与形式的综合运用，来写作出各式各样类型的文章。

第·三·章

如何让硬知识变成In知识

3-1

人的大脑喜欢什么样的内容？

人们不自觉地会想要追求两种东西，感觉亲近的，或是感觉新奇的

接下来跟大家聊聊什么样的内容才是好内容？或者说，什么样的内容才是大家爱看的内容？

前面我们已经跟大家介绍过九宫格的写作格式，以及几种写作的类型，在这些方式的综合运用之下，其实大部分的专家，不需要是作家，也都可以创造出多种类型的写作主题。我们已经不愁写不出内容了。

但是，只有写作主题，只是写出内容是不够的，我们必需要知道什么样的内容是大家想要读？想要分享？想跟你讨论的？

“也就是我们想要创造出
具有传播效应的好内容。”

人的大脑如何决策？

怎么找到这样的内容呢？其实要回归到我们的大脑。大脑决定了我们对什么样的内容产生什么样的反应，经过科学的分析，我们就能知道应该为内容加入什么样的元素来调味，人们才更想大快朵颐。

从我们出生到现在，人类所做的所有决策，可以说都是因为我们大脑在追逐两件事情。哪两件事情呢？第一件事情，就是大脑想要愉悦的情绪起伏，也就是快乐、兴奋、被认同。第二件事情，是大脑想要消除那些不愉悦的情绪，像是愤怒、悲伤、不被理解。

大脑想要获得愉悦，并且消除不愉悦。

我们的大脑就是为了去追求这些愉悦的情绪，同时消除那些不悦的情绪起伏，于是我们做出各式各样的决定，去追求各式各样的内容。

这样的追求，不仅是一种想法，也是一种有科学研究证实的生理机制。

什么样的激素让你想要追求某种东西？

让我们来认识一下这样的科学机制，人之所以会存在，并且进行许多反应，就是因为我们有着许许多多的激素，激素刺激我们去做出许多反应。

举例来说，我们都知道人会分泌肾上腺素，肾上腺素是一种什么样的激素呢？这是一种在遇到紧急状况下人会分泌的激素，也就是当那些“急性压力”产生的时候，我们会分泌这种激素。而大家可能也听过有一种激素叫作“血清素”，这是一种幸福的激素，它会让人感觉到轻松快乐，像是许多忧郁症的患者，他们体内的血清素分泌就出了问题，所以不是我们跟忧郁症患者说想开一点，忧郁症就会好了，没有这么简单。因为身体的激素，常常决定了人的反应。

如果我们可以知道什么情况下，特定激素会产生什么影响，我们就可以引起他人的反应，甚至让他人做出我期待的反应。

大家可能也听过“多巴胺”这种激素，多巴胺这种激素非常关键，它可以让人去“想要某件东西”，所以我们人类之所以会产生习惯，或想要去学习不同的事物，或者说开始对某些东西上瘾，其实关键都在于多巴胺。

“回到我们的目的，我们想要让读者喜欢我的知识文章，其实就是要引发读者‘想要某件东西’的冲动。”

那么，回到科学的分析，什么样的情况之下，会让我们分泌多巴胺呢？这里有两个很关键的激素。

一个就是“催产素”。催产素是非常重要的一种激素，女性分泌比较多。催产素让人互相照顾、寻求慰藉和同情，所以我们常常会认为女性比较具有同理心，社交能力也比较好。有些研究会显示，父母如果在孩子小时候，多抱着他，小婴儿也会分泌催产素，这样的小孩在长大之后，社交能力可能也会更好。

另外一个关键的激素是“睾固酮”。睾固酮顾名思义就是一种男生为主的激素，会增加男生的敏感度，会让人比较具有探索动力、侵略性产生好奇心的激素。

乍看之下，“催产素”跟“睾固酮”，其实是有点互斥的，可是好玩的是，这两种激素却同样可以激发“多巴胺”的分泌，也就是激发我们“想要某件东西”的冲动！

讲到这里，大家可能以为我要来上生物课，当然不是！其实我只是要大家理解，为什么我们会想要去追求某些内容？那是因为我们的大脑会自动根据多巴胺的分泌去追寻，所以内容要能够刺激多巴胺分泌，而多巴胺的分泌与“催产素”和“睾固酮”的分泌有关，那么你知道要怎么刺激读者的大脑去追求你的内容了吗？

“想要追求某件东西，来自两种刺激，一个是感觉亲近，一个是感觉新奇。”

感觉亲近、感觉新奇

一个方式是内容可以刺激催产素，像是有关宠物、家庭、日常生活等主题，能够让人感觉很亲近、很熟悉，当催产素被刺激了，我们就会分泌多巴胺，我们就想要去追求这个内容。

或者另一个方式是内容可以刺激睾固酮，我们也可以去追寻能刺激睾固酮分泌的内容，像是那些很新奇的、没看过的、陌生的、很特别的东西。

这两个概念看起来有点互斥，一个是“亲近性”，就是那些很熟悉的。另外一个是“新奇性”，也是我们都很陌生的，没有接触过的。不过这两个东西的的确确就是我们的大脑会去特别注意的东西。

为什么会这样呢？大家都知道人类的演化过程，初期可以分为：

狩猎、采集，这是我们最早期的两种生产模式。负责采集工作的大部分是女性，她们必须要拥有能够找到环境当中熟悉物品的能力。那些吃过很熟悉的、吃过觉得很好吃的、吃过之后没有生病的东西，必须要能快速地辨识出来，才能采集到赖以为生的食物。这就是为什么人类会被亲近、熟悉的那些东西所吸引，因为必须要这样做才能生存下去。

而另外负责狩猎的那些人，大部分是男性，他们就必须去注意草原上的风吹草动，去注意哪些地方有危险，去注意在寻常的环境之下有什么不一样的事情，这样一来可以避免危险、保护族人，二来通过探索才能开发更多生存下去需要的新资源。所以说，人类的大脑在生存本能下，也会自动地去追寻具有新奇感的内容。

现在我们知道了，从历史、科学方面，可以看到人喜欢有亲近性、有新奇感的东西，并且不自觉就想要追求它们。那么，我们如何在内容上创造出具有这些感觉的东西呢？这就是这一章要跟大家分享的具体方法。

3-2

如何创造亲近性元素?

拉近你跟读者的距离,让读者觉得你的知识可以让人感同身受。

那什么样的内容是让人觉得有亲切感呢?如果我可以知道刺激亲近性的“必要元素”，这时候我就可以把这样的元素放入我的知识文章中，也就可以通过这几种方式，让内容变成读者感觉亲近的，也是读者想追求的。

时代感

第一种可以创造亲近性的元素，就是“时代感”。

先前已经提到，要先认识我们的目标受众，才能运用受众喜欢的热点。同样地，我们也要了解目标群众，了解他们是属于哪个时代的，这样我们就能在文章里运用“属于他们的时代感元素”，让我们想要触及的读者感觉这些内容很亲近，是他们熟悉的，从而更容易刺激他们主动来追求。

举例来说，如果要对五六十岁的人讲话，他们生活的那个时代只要努力奋斗就有出人头地的机会。可是如果今天你是对二三十岁的人讲这样的话，他们的感受可能是努力也没用，做什么事情都没有发展的机会，台湾就是鬼岛之类的厌世感。这样两群人，拥有不同的时代感，甚至彼此间有很剧烈的差距。这里不评论时代感本身的好坏，而是说，如果你要触及哪一类读者，你就要运用属于他们的时代感，让他们感觉亲近，要是用错了反而被排斥。

所以写文章前，除了自己的专业知识解释外，我们也要先了解我们的目标群众，去注意他们所处的那个时代，以及他们心里主要的感受是什么。

“并且通过跟他们一致的时代感元素，去触动他们的感受，有了感受就容易引发行动。”

所谓的亲近感，就是要让我们的视野和我们沟通对象的视野，两者必须是在同一平面上。这是写文章时非常非常重要的一点。

身为专家，其实很容易不小心就把自己放在一个制高点，好像你是对着底下的人讲话那样，但这样正是违反了时代感，没办法产生亲近感，于是底下的人就算听了，也不想帮你分享，不会产生感受。

不要站在一个高台上，只是对着下面说话。不要像是指导者，想着要教别人怎么样怎么样。

传统媒体，因为掌握有限封闭的媒体资源，所以用这种制高点的方式，对台下一堆面孔模糊的角色讲话，好像还有用。

但是在新媒体的时代，这一招已经无效，你要知道的是，必须要用“平视的角度”来跟我们想要沟通的对象讲话，他们才会想听，才会喜欢，才会分享，才会行动。

这时候，我们就可以利用刚才讲的时代感，让你跟你的读者站在同一个高度来沟通。

心灵鸡汤、心灵砒霜

同时，我们也可以利用像是“心灵鸡汤”、或是“心灵砒霜”这种方式，来跟我们的目标对象沟通，同样可以创造内容的亲近感。

什么是心灵鸡汤呢？大家可能听过，也读过很多，就是那些抚慰人心的内容，看了让人感动、激励的内容，这样的内容可以让读者觉得感同身受，让你的目标读者觉得你懂他的感受。同样地，你必须先了解目标受众，然后在文章里传达出“我懂你的感受，我知道你的感觉是什么”。这样的同理本身，就能创造抚慰的效果，然后你才能开始传达你想要传达的知识。例如，举自己遭遇过的例子通常最有效果，也不矫情。

那所谓的心灵砒霜是什么呢？其实跟心灵鸡汤是一体两面，大家一定也在社群网络看过类似内容。例如，你可能注意到 Facebook 上有好多个以“靠北”“负能量”跟“厌世”为主题的专页。这些负能量的内容，本质上其实不是要让你更痛苦，而是要让你会心一笑、纾解压力。其实同样是在跟你的读者说：“我懂你的感受，我知道你的感觉是什么。”

心灵鸡汤通过“激励”，而最近更流行的心灵砒霜则是通过“吐槽”来创造跟读者之间的亲近感。虽然他可能吐槽你，但你也可以吐槽别人，也可以自己吐嘈自己，像是我们看到好多“靠北什么”的社团，这些社团跟过去的鸡汤社团都不一样，它就是实实在在的批判，或是说很尖酸刻薄的嘲讽，把你生活中遇到的那些不好的事情大声讲出来。但无论哪种方式，其实都会让读者觉得自己的感受被同理了，让读者觉得这个人很懂我。用你的文字来给读者一个拥抱，这就是亲切感的运用。

“我懂你的感受，我知道你的感觉是什么。”

所以不管是心灵鸡汤或心灵砒霜的方式，其实都是可以有效地拉近你跟读者距离感的做法。

你、我们、我

在写作上的应用，我们还可以利用一些用字遣词来表达亲近性，最简单的就是利用人称，像是使用“你”。当文章里用“你”这个字的时候，就是让读者感觉到是在对他讲话，虽然通过文字，却可以拉近陌生人之间的距离。

或者也可以利用“我们”，“我们”也是拉近文章跟读者之间距离的一种用字遣词方式，让读者感觉到我们是一样的、在一起的、共同在思考的。但是要切记，尽量不要用“你们”，“你们”是一种很有距离感的写法，好像作者自己才是对的，其他人都是异类，读者也是异类。

那“我”可不可以用呢？用“我”的时候，要注意到这是一个让读者更了解作者的方式，用“我”的时候，就是要分享个人的经验，然后让读者觉得“我”是一个愿意对读者推心置腹，让读者知道原来“我”是怎么想的一个人。这时候内容真诚可信就很重要。

“‘我’想跟‘你’说一个属于‘我们’都该知道的知识。”

所以说，善用“你”跟“我们”，偶尔要表达个人经验时可以用“我”，让读者觉得作者跟他非常接近，也就创造了亲近感。

另外，善用这三种人称，还可以让读者觉得这篇文章是为读者所定制的，这篇文章背后有人在跟读者打招呼，用很亲近的方式在跟读者讲话。这都能有效地建立起读者跟你之间的关系。

泛科学作者问答

如何写出吸引人的专业知识文章？

蔡宇哲 / 心理学博士，现为高雄医学大学心理学系助理教授、台湾应用心理学会副理事长，同时也是《哇赛心理学》的创办者与总编辑。

心理学是离人最近的一门学问，很容易吸引人但也常出现一知半解、道听途说甚至捏造的信息，常使得心理学知识受到扭曲或造假。《哇赛心理学》便是用有趣、实用又不偏颇的方式，介绍心理学的研究和相关信息，而正因为心理学易于面向大众，才更需要在选题和撰写时多琢磨与考虑。要怎样才能写出好吃好玩、看了还想再看让人印象深刻的文章呢？《哇赛心理学》的总编辑蔡宇哲老师给大家以下几个建议：

1. 一开始写，要找切身相关、符合自己专长与兴趣的主题。若找连自己都无法驾驭的内容，会很难写得引人入胜。

2. 针对不同群体传播的时候，要使用不同的策略。像是蔡宇哲老师在面向中老年读者为主的元气网专栏上写作时，主题会更与健康议题联结，研究过程会更简化，与面向年轻人的《哇赛心理学》和泛科学不同。

3. 可多结合自己的个人经验，通过生活情境会让读者更容易理解你想表达的内容。而且一方面传播知识，一方面通过自我揭露让读者对作者印象深刻。

3-3

如何创造新奇性元素？

创造读者的惊奇，超越他们的预期，让读者更想要看你的知识。

我们讲完亲切性，接下来要讲新奇性，什么叫作新奇性呢？

刚才讲到了，我们人的大脑会自动去注意那些没看过的东西、很陌生的东西，我们想要了解这些东西，因为要确定这些东西到底会不会对我们造成损害？给我们带来负面的影响？或是如果它是我们潜在的机会、猎物，我到底能不能去掌握？

于是要创造新奇感，就可以用以下几种方式来写作。

最

第一种创造新奇性的方式就是写“最”。

什么是“最”呢？像是最好的、最烂的、最成功的、最大的、最小的、最新的，各种最怎样的文章，相信你也在许多热门社群文章里，看过类似的标题。

所以我们可以利用“最”，去探讨“最怎么样”的一种知识。

或者反过来说，去找出我想分享的这个知识里面，有哪些“最”的角度？例如，它能不能够算是世界之最？或者台湾之最？或者某地之最？某领域之最？某时代之最？

“在什么情况下最怎样的一种知识。”

所谓的“最”，不一定是要找出世界之最，因为知识里也没有那么多世界之最可以讨论。可是，我们可以找出限制条件下的“最”，一样可以创造读者的新奇感。这样就可以让文章吸引读者，并且对内容产生好奇感，想要知道为什么“某个东西或某件事”会是“最……”。

唯一的

第二个创造新奇性的方式就是“唯一的”“稀有的”。

除了世界上唯一的之外，也一样可是某国家、某时代、某地区、某领域的唯一。或者说，如果这个东西是世界上很稀有的，像是它可能是已经快速消失的物种，或是像历史遗留的某些很稀少的东西，都具有稀有性。

这种稀有的东西就像在大草原上面，只要看到一棵树，你会特别注意这棵树，甚至不自觉地想要看向这棵树，甚至走到树下去找找有什么新奇的原因，让这片大草原只有这棵树，但却不会去注意到处都是的草。

这是一个非常好的写作策略。我们要通过掌握唯一性、稀有性的内容，来吸引读者的目光。

举例说，全台湾只有这一个地方可以做到什么事、世界上唯一的什么东西，这时候，读者就会想知道它是什么、怎么做出来的、怎么发现的，于是就会仔细看你的文章，看你想要传达的知识。

“在什么情境下唯一剩下的某种东西。”

通过新奇性吸引大家的目标，让大家注意到这是什么内容，并且勾引出好奇心，让大家真的想知道，你的知识才有可能说服别人。

顺序感

接下来，创造新奇性还可以掌握“顺序感”。

什么是顺序感呢？例如，我们都会对源头跟结尾特别注意，因此我们可以介绍什么是第一的，也可以反过来谈什么是最后倒数的。

第一的，可能就是时间上最先发生的那些事情，例如，第一个成功治愈艾滋病的人。最后倒数的，就是时间上最后发生的那些事情、最近的那些事情，如最后一位登上月球的人。

你可以想想看，你的知识领域中，有哪些最先发生？有哪些最后发生？可以介绍这些知识，并且表达出它的“顺序感”，题目就像是第一个到达地球最深处的人、最近一种被发现的灵长目动物等。只要是最前或最后的东西都可以让大家提高注意力。

“这是第一个什么？那是最后一个什么？”

你有没有发现，在创作知识题目时，其实可以从正反两方面去想，都能想出吸引人的题目，而你的知识一定有正反两种以上角度的题材。

反常识、反直觉

下一个创造新奇性的写作技巧是“反常识”“反直觉”。

什么是反常识、反直觉呢？就像我们之前在讲写作格式时讲到的翻案文，就是你可以告诉大家，虽然大家都以为是这样，但其实真相不是这样。因为这样的文章，颠覆了大家的常识，大家觉得很新奇，不管赞成或反对，都会想要看看，这时候这篇文章就可以从许多的文章当中凸显出来。

“这件事情跟你想得完全不一样。你以为的都是错的。”

动态反差

最后一个创造新奇性的写作方法就是“动态反差”。什么是动态反差呢？其实这里就要利用我们的感官、我们的情绪，例如，我们在写作上告诉大家，在广袤的银河系当中，只有一个什么，这时候大家会很好奇，在那么大的一个空间当中，怎么会只有一个什么呢？一个极大跟极小的对比，创造了新奇的反差，这就会吸引读者想要阅读。又如你可以写为何当所有面试者都在紧张皱眉，只有他笑容满面，原因是因为心理学上说……情绪表现上的大落差同样会让大家好奇为什么。

你不妨思考看看在自己的专业领域中，可以创造哪些动态反差的题目？例如。在台湾地区所有的医师当中，只有他怎样怎样。在古往今来所有的科学家当中，只有他做了什么事情。通过这样的反差，吸引注意力。

在一个普遍寻常的情况下，描绘一个极端的特殊存在。

综合我们前面所讲，在文章里创造亲近感以及新奇感，因为这些就是我们大脑想要追逐的内容，这些东西可以激发我们的多巴胺分泌，让我们想要去学习，让我们想要分享这些东西。

当你可以创造读者想要的东西的时候，它就是好的内容，也才能为你的个人知识品牌拉来粉丝，你说对不对？

3-4

创造亲近的三个 R，制造新奇的三个 W

好内容要先让读者想看、想理解、想分享。

前面讲了很多创造亲近性、新奇性的方式，最后还要给大家三个 R、三个 W，来作为补充与延伸。你也可以当作一种口诀，帮你在创作内容时，更容易记住大家爱看的关键元素。

创造亲近性的三个 R

三个 R，也就是创造亲近感的三个要诀。

第一个 R 就是“Related”，就是相关性。找出你的知识领域中，你想要分享的专业技能里，有哪些跟你的读者之间可以建立相关性，或者说，这到底跟你的读者有什么关系？要把有关系的部分具体地呈现出来。

第二个 R 就是“Reveal”，就是揭示，去揭示自己的感受，让读者感觉到他正在通过这样的文章认识你这个人，让读者感受到你也有跟他们一样的感受。

第三个 R 就是“Repeat”，就是重复不停地讲、持续发表、让大家熟悉你。我们在写作时，包含扩大到经营个人品牌时，除了要掌握我们想跟大家沟通的关键主题、关键词外，还要不断帮读者温习论述，同一个知识点可以换方式、换套路重复谈，让读者听到这主题就想到你，愈听愈亲切，甚至养成习惯。

这就是创造亲近感的三个秘诀。

创造新奇性的三个 W

而要创造新奇感，就可以利用三个 W。

第一个 W 就是“Why”，就是大家的好奇心。人类看到许多问题时，自然而然就会想问：“到底是为什么？”我们可以利用这些“为什么”来设计出我们的内容，这些内容在社群媒体上其实非常利于传播。

大家虽然知道社群媒体上很多那种小猫小狗、天菜正妹的照片，好像大家都很喜欢点赞。但其实久了大家也看腻了，而且大家本来就对能够真正解决问题的内容感兴趣，只在于你是不是真能回答“为什么”。尤其最近几年，大家其实越来越喜欢能够在社群媒体上看到一些更有价值的内容，所以说如果你能提供这种响应大家好奇心、响应大家求知欲的内容，会很容易受到大家的支持，建立你的知识品牌。

第二个 W 就是“WTF（What the fuck）”，就是联结读者的负面情绪。我们刚才讲过，当我们遇到负面情绪的时候，遇到不愉悦的情绪的时候，会想避免这些不愉悦，会想恢复到情绪的平衡状态，所以说当我们先告诉读者一些负面的信息，让他们有想要恢复的冲动，而且我又能同时告诉他们“那你可以怎么做”来消除这种不愉悦的感觉。

例如，我想告诉大家，海洋当中生物物种消失的速度越来越快，我告诉大家一些实际的数字，告诉大家各种生物遭遇的问题，这些都是让人产生负面情绪（如愤怒、惆怅、无力）的因素。而当人们看完这些负面的内容之后，会想要恢复，我可以趁这个时候告诉大家可以怎么做，而这时候人们就会更愿意去做。

WTF，就是要让读者感觉到这个事情不对劲，但是要接着告诉读者如何去消除这种负面的事情。这样读者也会觉得新奇，想要去试试看能不能真的解决问题。

最后一个 W 就是“Wow”，就是应用人们愉悦的情绪。当人感受到愉悦的情绪的时候，就会想要分享这种快乐情绪、延续这种幸福的感觉。所以说我们要告诉大家，这个事情有多么棒，传达出它的伟大，呈现出它的亮眼程度，这时候会让大家想要分享。

以上的就是我们利用人类大脑追求内容的机制，设计出好内容的制作方法。掌握亲近性，掌握新奇性，掌握刚才的三个 R 和 W，你就能有效地了解读者到底想要什么样的内容，并制作出他们感兴趣的内容、他们想要仔细阅读的内容，以及他们想要分享的内容。

泛科学作者问答

如何把硬知识变成好读的知识？

科学大抖宅 / 小时动漫宅，长大科学宅，故称大抖宅。物理系博士后研究员，人文社会议题键盘乡民。

当想传播的知识很庞大、很复杂、很冗长时，该如何说清楚、讲明白，甚至还能把自己的私心埋藏进去呢？觉得这三个愿望很难一次满足？那你一定是没看过“阿宅物理”系列（指）！不只有满满的宅宅梗，还能让人不知不觉一点一滴不小心吸收了极为扎实的物理知识、欲罢不能想看下一集的阿宅物理系列，是怎么炼成的？要建构庞大知识内容时又该如何铺陈呢？正在伟大的航道上往阿宅王前进的科学大抖宅给有野心的你以下三颗龙珠啊！不对！是三个建议：

1. 当要处理复杂的主题时，架构和方向可以用系列的方式去设计，受众是谁、大概会有几篇、每篇内容多少、大主题及子题是什么等是需要先设计的。当开始下笔撰写单篇文章时，需要注意子题内容和要传达的最重要的观念是什么，也要考虑该怎么去衔接后面的子题。

2. 复杂的概念要先评估是不是对于目标读者有帮助、有记忆点，如果没有一定要出现的话就必须要有取舍，如果必要的话就要降低复杂性、简化内容。可以试着使用比 喻法，例如，用“攻受不可逆”来比喻为何粒子配对顺序是重要的，一说便会让目标的宅圈读者很容易理解和记忆。

3. 确定目标受众是重要的，你必须要从他们能理解的知识水平出发，如果对这部分的掌握没有把握的话，可以让你预设的一两位目标受众先过目，再做内容的调整。

第·四·章

爆红知识文章的
十个案例套路

4-1

热点与历史背后的知识

任何热点的背后都有历史背景、社会趋势，
也就有你可以探索的专业知识。

帮助你更快写出爆红文章的可模仿实例

接下来要介绍知识写作 10 个套路，所谓的套路，就是被反复验证有效的写作主题、格式，而且是可以让你的专业知识也能直接套用的。

在泛科学中，我们写过、验证过许许多多的文章主题、架构，从大量文章的数据库中，我们也具体归纳出了对于读者来说，最具有吸引力的写作套路。在这里要一次整理，分享给大家，尤其对于专家们来说，如果你一时之间没办法自己创造热门文章主题，那么照着这些套路做，文章受欢迎的概率就会大增。

我们之前在全书的一开场，讲过“知识写作九宫格”，从题目、写法、解决什么问题、如何做结论等角度，帮助大家逐步架构出一篇好读的科学文章，或是一篇会爆红的专业知识分享文章。我们后来也介绍过五种受欢迎的文类，可以方便大家掌握对读者来说最具有吸引力的内容。

但是前面都是在讲写作的方法与架构，有没有“具体可以让你模仿的实例”呢？

接下来这 10 个套路，正是要提供专家模仿练习的实例。其中有一部分的内容联结了之前的九宫格和写作文类，接下来，就由我一一来跟大家讲解这几种套路。

借力使力的热点

首先我们来介绍的第一个套路就是热点与历史背后的科学、专业与知识。其实我们一开始在九宫格当中就强调过热点，我们在写作类型当中也再次强调热点文，因为这确实就是非常好的写作类型，最容易写出受欢迎的文章。

热点与历史背后的科学，其实讲的就是我们要吸引大众日常生活中的注意力，从大家熟悉的、很注意的那些热点，顺水推舟，转移到热点背后的相关专业知识。

尤其对于刚刚开始经营个人知识品牌的专业者来说，你可能尚未创造自己独特的影响力，你说的话或许大家还不是那么注意，这时候怎么办呢？

“经营知识品牌初期最好的方法，就是先抓住大家原本注意的东西。”

等大家看向你这边了，再借力使力，让大众的目光也同时看到你想呈现的专业知识。

神力女超人历史背后的知识

举例来说，在2017年时，有一部很红的DC超级英雄电影《神力女超人》。神力女超人这个角色除了是第一个拥有独立电影的女性超级英雄，也在先前的《蝙蝠侠大战超人》电影中率先现身，期待度超高，所以当这部电影要上映时，吸引了很多人的关注，这就是一个目光焦点，也就是热点。

这个时候，我在泛科学撰写了一篇文章，从神力女超人角色创作时的历史背景、创作者心理学家马斯顿，与该角色创造的科学/科技圈女力觉醒趋势等谈起，标题为：“神力女超人的身材跟能力不科学？那是因为你漏看了她科学的那一面”。

专业知识如何跟电影这样的商业热点结合呢？一般的想法会认为，超级英雄电影通常都不科学，神力女超人的身材、能力、寿命等等看起来也是一样不科学吧？有什么好谈的呢？但其实它还是有专业知识的一面！这时候你可以从“热点的历史背景、时空环境、社会趋势”来切入，虽然是一个漫画与电影虚构的角色，可是背后创作的是真实的人，既然“创作”是真实世界发生的事，那么这个创作背景一定有可以探讨的知识成分。

“从‘热点的历史背景、时空环境、社会趋势’来切入，这就是让任何热点都有知识可以分析的方法。”

在《神力女超人的身材跟能力不科学？那是因为你漏看了她科学的那一面》这篇文章当中就可以看到，我如何通过神力女超人这个 DC 漫画电影当中的知名角色，去挖掘这个虚拟角色背后的真实创作历程，以及她所代表的时代趋势，分析这个知识点便构成了一篇新的知识文章。

被译为“神力女超人”的 Wonder Woman（我比较喜欢神奇女侠这个翻译啦），前凸后翘的身材与高衩低胸长靴的衣着，看起来很“不科学”，甚至因此备受抗议：才上映两个月，就在 2016 年 12 月失去了联合国“为女性赋权”荣誉大使一职。单看外形，神力女超人的确容易被当作是为了取悦男性才设计出来的角色。但身为女性超级英雄始祖，比起其他超级英雄，她的诞生故事实在是科学得很，而且可能是同性婚姻释宪结果公布后的台湾，最该好好认识的角色。

一个热点代表了一种社会趋势，你不一定要直接针对热点的内容做探讨，但可以用你的专业知识讨论背后的社会现象、历史脉络。

神力女超人这个 1941 年 12 月出现的角色，最初由双人组创作者打造。除了画家 H.G. 彼得（Harry G. Peter）以外，真正赋与她灵魂的则是心理学家威廉 · 穆尔顿 · 马斯顿（William Moulton Marston）。马斯顿是哈佛大学的心理学博士，他发明了用血管收缩压来测量情绪的方式，后来更发展成测谎机。说到这里，不少朋友大概马上联想起神力女超人那可以让人臣服的真言套索了吧！在神力女超人的早期故事中，时常出现她用真言套索在法庭上让坏人自白。这对马斯顿仿佛是种替代性满足，因为现实生活中马斯顿一直

> *想要推销测谎机给法院，但不断失败。*

我利用“神力女超人”这个热点，探讨这部电影、这部漫画的创作源头，其实有一个很深刻、很重要的心理学、科学家的故事。（你可以到这里阅读完整文章：http://pansci.asia/archives/120501）

月薪娇妻热门角色与心理学知识

再举一个例子，泛科学上有另外一篇非常热门的文章，题目是：《逃避虽可耻但有用？——心理学解析〈月薪娇妻〉》。《月薪娇妻》在当时也是非常受欢迎的日剧，我想很多人都跟我一样非常喜欢。

在《月薪娇妻》这部日剧作品中，有一句非常知名的文案是：“逃避虽可耻但有用”。不仅当时播放时引起许多人的共鸣，而且也通过剧中角色深刻呈现了心理学上的“依恋”以及“逃避”的情感。

泛科学的爱恋心理学作者海苔熊当然不会错过这个热点，在看完《月薪娇妻》前四集之后，结合了里头角色的一些行为，跟他们的一些经典台词，以他心理学的专业分析，从而写作出这样一篇文章。

这部片还有一个你所不知道的秘密：所有的角色都是逃避的。

整体来说，美栗看起来是主动的那一个，但实际上她也是通过不断地逃避到跳痛的幻想里面，来逃避现实当中那些让她困窘的情景。根据家庭系统理论（Gilbert，2013；王銮襄、贾红莺，2013），我们都会复制爸妈的行为模式（黄之盈，2016），美栗的行为其实从他爸妈身上也可以看到一些端倪，你看他们不论是搬家、讨论重大的事情往往都会偏离主题、打岔，这样的能力，也缔造了一个喜欢幻想的女儿。不过，如果全家都是这样就糟糕了，所以幸好女儿某种程度上面，也发展了务实的能力。

在这部日剧风靡台湾期间，很多人都在讨论戏剧里的角色关系，模仿他们的台词，这时候利用这样的热点，趁机传达你的专业知识，就是最好的知识写作案例。（你可以到这里阅读完整文章：http://pansci.asia/archives/111020）

赛德克巴莱与血型

第一个套路就是热点以及历史背后的科学，结合热点和历史，其实就是能够让大家对你的内容更投入。

但是很多朋友可能会怀疑，每个热点和历史事件背后，都有科学可以挖掘吗？这个可以跟你保证，只要你想挖，大概都挖得出来，这就是我们泛科学多年来的经验。

在多年之前，我们也推出过一篇文章叫作《科学·巴莱：雾社事件催生“血型性格说”》。

《赛德克巴莱》是台湾史上最卖座的影片，当年这部国片电影上市的时候，也用了很多方式营销，他们设计了一个“某某巴莱”的主题，像是音乐巴莱、历史巴莱，来推广这部历史电影背后的各种内涵。

于是我们就想到，我们是泛科学，那为什么不能有“科学巴莱”呢？在《赛德克巴莱》这部电影背后会有什么科学知识可以探讨呢？所以我们就根据《赛德克巴莱》这部电影背后的故事，也就是真实发生的“雾社事件”去做了资料爬网，研究这个历史的各种素材，接着我们就发现，《赛德克巴莱》中的“雾社事件”描述的历史背景，和我们现代之所以会有“血型性格说”这样的说法有关系。

这就是我们在研究一个热点的历史背景时，找到的一个跟科学有关的知识点，我们便从这个知识点切入，探讨这部热点电影背后的科学历史。

> *古川再接再厉，于 1932 年出版的另一篇研究中比较不同族群中的血型分布差异，包括台湾高山族、爱努族，以及虾夷族。他之所以要进行这次的调查，其实就是因为雾社事件。日本打败清朝，在 1895 年签订《马关条约》接收台湾之后，台湾居民不断反抗，而 1930 年 10 月发生的最大一起原住民抗争——雾社事件，跟 1931 年 4 月发生的第二次雾社事件彻底震撼了当时的日本国。*
>
> *古川研究的目的是要先了解台湾原住民的血型分布跟日本人有何不同，才能“渗透这些最近发起抗争、行为残酷的台湾人其种族特征之根本”。根据调查样本，猛烈反抗的台湾人中 41.2% 的血型是 O 型，而较为顺从的爱努人只有 23.8% 是 O 型。古川因此假设台湾人的反抗意识根植在基因中，得到的结论即是建议日本政府，如果想要有效统治，应该增加日本人与台湾人之间的婚配，减少台湾人族群中 O 型血的数量。*

当然，血型性格说缺乏科学根据，但却也是科学上可以讨论、反驳的议题，而这样一个热点，从历史背景去挖掘，就可以找到一个切入我们专业知识的入口。（你可以到这里阅读完整文章：http://pansci.asia/archives/8036）

4-2

空想科学

假设动漫与电影里的幻想为真，
那么在真实世界里会发生什么事呢？

第二个写作的套路叫作空想科学，什么是空想科学呢？

“空想科学”系列读本不知道大家有没有读过？是不是喜欢？我自己是非常喜欢。这系列书籍，是由柳田理科雄这位日本作者写作的一系列有趣的科普读物，他利用日本动漫文化当中的场景、角色，来跟大家讲述科学知识。

例如，如果无敌铁金刚在陆地上行走，那他的驾驶员真的可以坐稳吗？还是会因为巨大机器人走路的震动，而在驾驶舱跌得东倒西歪呢？如果哥吉拉这个巨大生物从海洋登上陆地，自身的体重会不会就把自己压垮了呢？

以动漫中不可思议的角色、场景设定，尤其是那些科幻、奇幻的设定，来阐述“如果用科学角度解析会变得怎么样”，这就是“空想科学”。

不是为了批判，而是一种新奇与幽默

用科学谈论动漫或各种幻想故事，看起来很有趣，不过要注意的是，当我们从这些文本挖掘出科学议题，并不是为了要吐槽，所以空想科学并非是站在批判的角度，也不是要说动漫或电影根本不科学。

不管是柳田理科雄或是其他领域的知识写作者，其实我们不是为了批判动漫游戏等作品在设计上不够严谨、不符合现实，既然是动漫，本来就应该有幻想成分。相对地，反而是因为我们自己也太喜欢这些文本，所以我们会去钻研，并且从科学的角度来调侃，或是以专业知识来找到其中的幽默之处。

“所以，空想科学提供给我们一扇写作窗户，也提供给读者一个新鲜视野，让我们去思考：‘如果用现实知识来看幻想，会变得怎样？’”

原本的动漫、电影可能已经很热门，我们利用专业知识去做翻转，不是要去推翻，而是提供给大家一个不一样的、有趣味的想象空间。看看如果这件事情真的发生在现实世界会怎样呢?

在空想科学读本中，就提供了我们许许多多这样的案例。包含科幻动漫的文本，或是说一些架空世界的文本，都可以让我们以及读者一起去想象，如果动漫游戏跟电影中的场景发生在真实世界，那么从科学等各种专业知识的角度来看，是有可能的吗?会发生什么意想不到的状况呢?这样其实可以很有效地让大家觉得很新奇，也很有趣。还记得吗?我们前面说过，“新奇性”是让你的文章吸引人的关键要素之一。

《一拳超人》的物理学公式

例如，在泛科学网站上，作者余海峯曾经发表过《一拳超人》这部动漫的物理学相关文章，题目是：《〈一拳超人〉物理学：深不可测的是埼玉还是物理?》。

一拳超人，在漫画中是一个非常强大的角色，动漫中常常有一些超越现实的打斗场景。这时候以科学角度来看，就会好奇，他真的有办法在跟别人对决的时候，一下子被敌人踢飞到月球上，又从月球上噔噔回到地球吗?如果这件事真的发生，那以科学角度来看，这当中需要耗掉多少能量呢?这时候月球会不会因为被主角往后蹬而飞走呢?

虽然漫画场景是超现实，但假设真的发生，那从科学角度来看接着会发生什么事情呢？这些其实都可以用物理学去计算。

> *波罗斯在战斗中段因为被埼玉看不起，就变身成为燃烧自身生命的终极战斗模式，把埼玉踢了上月球。相对地月距离约 38 万公里，地球大气层的厚度只有约 100 公里，即地月距离的 0.02%，因此我们的计算忽略空气阻力。在动画之中，埼玉由中招一刻到撞上月球的时间大约为 2 秒，因此埼玉飞上月球的速率约为秒速 19 万公里，是光速的 63%。哗，不得了。*
>
> *我们可以使用动能公式来估计一下波罗斯的物理攻击极限。因为埼玉达到了 63% 光速的高速，已经进入了相对论性领域，牛顿动能公式不再适用，我们需要使用爱因斯坦的相对论性动能公式。目测埼玉身高，我们可以合理地假设他的质量约为 70 公斤。如果只用牛顿动能公式“能量等于质量乘速率平方除 2”的话，埼玉飞向月球的动能就有（70kg）（190,000,000m/s）2/2=126 亿亿焦耳。*
>
> *这是截至 1996 年地球上所有国家所有核测试所释放的能量总和的 60%。*

虽然我们很认真去看待这个架空的文本，并且在里面谈论了很多物理学公式，但其实阅读的读者，特别是喜欢《一拳超人》的读者，都觉得非常有趣，并不会觉得这篇科学文章很无聊。（你可以到这里阅读整篇文章：http://pansci.asia/archives/119540）

异形到底是强大还是脆弱？

再举一个例子，泛科学作者赖奕德也发表过《“异形”的寄生生物学》这样一篇文章。

《异形》这系列电影基本上可以说是家喻户晓，大家可能觉得，电影里异形这种生物真的有可能存在吗？于是我们就请寄生生物学的研究者赖奕德来讨论看看，假设在真实的宇宙中真的有异形这样的生物，会发生什么事情呢？

> *泛称为寄生生物的类群里可以区分出两大类：寄生生物（Parasite）与拟寄生生物（Parasitoid）。两者的差别在于，寄生生物在剥削寄主之余，并不希望寄主死掉，而是希望寄主能够活得长久，这样才能有源源不绝的资源可以让寄生生物继续剥削。以大家耳熟能详的蛲虫、蛔虫、狗蜱、猫蚤、头虱来说，这些寄生虫无论是住在寄主的体外或体内，也许剥削寄主的血液或者在寄主肠胃食糜里分一杯羹，总之都只是造成病理症状但不会直接让寄主丧命。*

> *反观拟寄生生物，则是在剥削寄主之外最终一定会要了寄主的命，当寄主一命呜呼之后，这拟寄生生物也就不再需要寄主的资源，转而走自由生活路线。典型的拟寄生生物如各种寄生蜂、寄生蝇等，它们的雌性也许是在麻痹猎物之后带回巢穴产卵，幼虫孵化后便将妈妈准备的餐盒——麻痹的猎物——蚕食入肚；或者是直接将卵产在浑然不知大祸临头的倒霉鬼猎物身上，等到幼虫孵化之后便以这倒霉鬼的体液或组织为食，但等到幼虫化蛹破茧为成体之时，可怜的倒霉鬼也就功成身退，终究一命呜呼了也。*

作者先从真实世界里真的有类似异形的生物来开场，从科学角度来看这类生物的繁衍模式如何，接着导回电影的设定，从电影里的条件去分析出，其实异形看起来虽然很恐怖，但是他的生存模式其实非常不利于繁衍，基本上是很容易灭绝的物种。

通过这样的方式，让大家更了解生物学这个专业领域的知识，但同时显得非常有趣，一点也不枯燥乏味。（你可以到这里阅读整篇文章：http://pansci.asia/archives/23522）

泛科学作者问答

如何写出一篇好的空想科学文章？

RockSun/目前就读台大生物环境系统工程系，勉强说专长是啥，大概是水污染领域，但这或多或少已经不重要了。

在拿着手机抓宝可梦的时候，你有想过养一只卡蒂狗会让饲育家破产吗？又或是只要胡地出现，就会拉低周遭人类的 IQ 吗？有时我们沉浸在动漫、游戏场景中，往往会忘记去质疑那些看似无理的问题和设定，但在追究和探究的过程中其实是很饶有趣味的！这也是“空想科学”的魅力所在。你可能觉得“空想科学”很“锵”很有趣，但却觉得自己的专业有局限、脑洞不够开，而不知道要怎么下笔吗？撰写“科学宝可梦”系列的 RockSun 给你以下三个好建议：

1. 重点不是告诉读者“其实是这样”，而是要让读者知道除了现实世界以外，虚构的世界也是可以发挥好奇心的好地方，而且可以让你随心所欲地去想，目的是让读者去习惯问问题。

2. 在空想的世界里，作者的角色与其说是知识的阐述者不如说作者是个导游，带着大家去解决和思考那些可能从没想过的问题，也借此去重新认识我们身处的世界，和找到那个勇于提出问题的自己，并因此对自己感觉更好。

3. 不需要硬塞太多知识，通常在一篇里头只提一个核心问题来解决就够了，剩下的都是解决问题的过程中附加的插曲。

4-3

破解与翻案

找出新闻媒体、社会议题中对知识的误解，用扎实论据翻案。

再来跟大家介绍第三个套路，也就是破解与翻案，其实在我们的五种写作类型中，就提过所谓的翻案文，就是要翻转大家的常识或谣言，当大家都以为是这样，就用专业知识告诉大家其实不是这样。

尤其现在网络、新闻中都有非常多的谣言与错误的知识，这时候从我们的专业出发，可以写出许多“破解与翻案”套路的文章。

社会议题的艾滋真相

例如，泛科学的作者蒋维伦，发表过一篇《艾滋的恐怖不是病毒，而是恶意解读的假信息》。

翻案文有时候也会搭配热点，那时候因为同志婚姻的合法化问题，所以许多不同阵营有着互相攻击的言论，这时候，最容易有很多不科学的错误信息在网络上流传，于是我们的作者就针对这些网络谣言写了一篇打脸文。

> *事实上，南非和美国麻州在通过婚姻平权法后，每年新增的患者也还是逐年减少的啊！如果真的关心台湾防疫的话，就不应该散布错误的信息！*
>
> *事实一：在南非，婚姻平权法案通过后，艾滋病每年新增患者没有因此明显增加。*
>
> *从联合国在 2014 年公布的资料来看，南非在 2006 年 11 月 30 日通过婚姻平权法后，不论是每年新增艾滋感染者的人数、或是南非年轻人感染艾滋的比例变化，皆没有发生显著的变化，因此并不能说南非婚姻平权法的通过直接影响了艾滋病疫情。*

这种破解翻案文，通常的格式就是先告诉大家有什么样的错误资讯，把一个一个错误信息拆解，然后告诉大家其实正确的知识是什么，并且非常清楚地提供数据和消息来源。

翻案文的格式是简单的，但写作起来并不简单，因为你要说服大家原本想的是错的，就要有足够的论据、数据，并且言之成理，这样才有办法有效地消解大家的误会，让大多数可能已经看过错误内容的人，承认自己的错误，并转向比较正确的知识。（你可以到这里阅读整篇文章：http://pansci.asia/archives/114721）

解剖新闻媒体中的各种错误知识

例如，在我们泛科学网站上，有一个非常受欢迎的专栏叫作“科学新闻解剖室”。

在这个专栏中，由中正大学的黄俊儒教授与团队成员，一起来针对大众新闻媒体当中出现的一些不科学的报道，进行各种剖析。

这个专栏的写作格式也非常有趣，它会把新闻当作一个一个案件，然后给予案件编号，通过解剖员的角度出发，告诉大家他看到这个新闻的时候，他的感觉是什么？觉得哪里不对劲？于是他如何抽丝拨茧，从媒体运作、内容呈现与科学知识等各个不同的“面向”，告诉大家这则新闻有哪些问题存在？并且在最后用骷髅头的方式告诉读者，原来这篇文章有几个骷髅头？骷髅头越多代表他做得越差劲，虽然不是精准的量化，但能让读者感到讽刺意味，印象更深刻。

> *案情：爱美是人类的天性，随着各种美妆品、保养品的推陈出新，相信一定有人注意到近年来和美容保养品相关的新闻或广告频频出现一些很神奇的科学专有名词，例如，《干细胞抚孕纹抢两岸美丽商机》这样的新闻，报道开头就说：*
>
> *“干细胞保养品”当道，生技业者看好两岸美容保养品*

市场，利用干细胞培养技术开发各类保养圣品，创造干细胞在医疗领域外的“美丽商机”。

“干细胞保养品”这种名字看起来就非常高科技，解剖员不禁回想起过去曾看过的一些与干细胞相关的保养品广告，真的是擦得、吃得、敷得一应俱全，随手一抓就有一堆。

这些产品扯上干细胞，看起来有多厉害就有多厉害，仿佛通过这样的产品，皮肤就能回到最Q弹的青春阶段，人人都可以拥有吹弹可破的肌肤，这么撼动人心的产品，能不乖乖掏钱吗？！在医学的应用上，干细胞确实有“万能细胞”之称，但是转换到医美产品的应用之后，仍然有这么神奇的效果吗？看到这些颇为夸大的广告用词，解剖员自己都怀疑了。

但是要解剖错误的新闻，首先我们必须要论据充足，针对错误有详细的解析，要不然就会流于争论，甚至自己也犯错。（你可以到这里阅读更多科学新闻解剖室文章：http://pansci.asia/archives/author/scinews）

泛科学作者问答

如何犀利地进行知识翻案?

黄俊儒 / 中正大学通识教育中心教授、“科学传播教育研究室”工头。

“一周四次盐酥鸡，年纪轻轻就得大肠癌! ?”“室内晒衣形同慢性自杀! ?”“吐司吃一片致癌物就超标! ?”我们常常会从通讯 App 收到五花八门的信息，但这些信息到底是真是假? 能够相信吗? 中正大学黄俊儒老师所策划的“科学新闻解剖室”，整理了在媒体和社群流传的具有代表性的科学伪新闻，用“科学判读力”与“媒体判读力”两把解剖刀去认真剖析，是泛科学上最受欢迎的专栏，也已集结出版两本书。那么，要写解剖文时，究竟应该注意什么事情呢?

1. 要有问题意识，要清楚明白地知道自己写这篇文章所要回答的问题、要传达的信息和目的，并清楚文章的定位。

2. 目的清楚后，也要保有弹性，边搜集数据边发现新的问题，这时候就要做滚动性的修正。当然也要回过头去检视搜集到的资料是否能回答问题，并且将资料做深度的剖析。

3. 要清楚知道诉求对象想知道的事情，所以在撰写的时候要在主客体之间做切换。内容也要在发散和收敛间拉扯，既要有扎实的知识基础，也要有可以让人愿意把文章阅读下去的钩子。

4-4

一般名人

利用大家对名人的兴趣，来解析你想传达的知识。

接着要介绍的这种套路就是“一般名人”。

什么是一般名人呢？因为后面还有另外一个套路叫作科学名人，所以我这里先用一般名人来称呼这样的写作范例。

一般名人，举例来说，就是本书开头讲到的三种通用热点当中的名人，就是那些大家都知道的人，可能是历史伟人、政治人物、运动员、明星、网红等。

关于林书豪的相关知识

在泛科学上，我们写过一篇文章标题是：“为什么 Jeremy Lin（林书豪）总是跟其他纽约尼克队队员撞来撞去、抱来抱去？”。

大家还记得林书豪在 2012 年林来疯时期，不只是台湾，更是全球的关注焦点，无论有没有看 NBA 篮球的人，几乎都知道了 Jeremy Lin 林书豪这个名字。这时候，我们就可以思考看看，这样的名人话题，有没有办法利用来传播我们的科学知识呢？

所以我们就去分析林书豪跟队友互动的方式，他的确很喜欢跟他的队友做各种击掌、拥抱、拍屁股举动，在场上时感觉很亲密，彼此间很有同伴的感觉。这其实也是 NBA 篮球场上球员常见的互动，这样的互动代表什么呢？背后有没有科学知识？

更重要的是，平常跟大家讨论这个问题，大家不一定有兴趣。但是如果借由林书豪来切入这个问题，就算对 NBA 没有兴趣的人，也会想要了解这个知识。

我发现这个议题的时候，我们团队就开始去研究相关的科学报告。真的有科学研究说，如果在球队的比赛过程当中，球员越常出现这种互相击掌、拥抱行为的话，这样的球队有很高的概率成绩会比较好。

> *很久没有看 NBA 比赛了，这阵子因为看林书豪，才发现一件事：林书豪跟队友之间的肢体互动非常多，感觉比我过去看过的比赛的球员间互动更多！这让人感觉他跟球队成员的关系很好，彼此之间都很信任，然而这跟他带领纽约尼*

> *克队持续连胜是否有关呢?*
>
> *当然，一般在得分、助攻或是罚球时，篮球员通常会用肢体行为，像是击掌、击拳、拍背等方式给队友打气，要是更激烈一点，像是今天这场比赛最后 0.5 秒一击得手，就会看见像上图这样抱在一起紧紧相依的画面……（好男人，不抱吗？）*
>
> *身体接触对于球队来说是很重要的，能够传达出信任与合作的信息，这在心理学文献中早就明确指出（如 Kurzban,2001;Wieselquist,Rusbult,Foster,&Agnew,1999）。*

这虽然是个相关性的研究，但是给人非常多的想象空间，所以我们就用林书豪作为一个引子，吸引大家注意，并让大家同时也可以关注到这个知识。（你可以到这里阅读整篇文章：http://pansci.asia/archives/12015）

4-5

专业名人

从专业名人切入，你会发现专业知识也有很多好故事。

当然，名人有很多种，除了一般名人之外，还有所谓的科学名人、专业名人，这也就是另外一个套路。

科学名人（专业名人）讲的就是在科学领域，特别是你的专业知识领域当中，有哪些大家都认识，而且非常尊敬的名人？

他可能已经是历史上的名人，如爱因斯坦、牛顿、图灵等。像这些名人，他们自身在各个领域当中就承载着很多很多的知识，每个人身上都有很多可以讨论的知识，而且大家还都会注意他们。

那么，就可以通过介绍这些名人的过往或最新消息（如果还在世），来分享你想传达的知识，让大家重新认知到这些名人之所以有名的原因。

因为很多人其实都知道这些科学和专业名人很有名，但真的不了解为什么有名？所以通过介绍科学与专业名人的历史，可以让大家了解这些人之所以厉害，厉害在什么地方。

“一方面满足大家对名人的好奇心，一方面也传达了专业知识。”

例如，泛科学作者张瑞棋写过这样一篇文章：《超级励志的天才无限家！印度数学家拉马努金》。在这篇文章里，他从引人入胜的数学家故事，让读者看到了这个专业领域的某些面貌。

> *1934 年，已经 67 岁的数学大师哈代（G. H. Hardy）面对年轻数学家艾狄胥（Paul Erds）的提问：“您自认为对数学的最大贡献是什么？”哈代脑海中浮现的不是任何数学公式或定理，而是一张永难忘怀的面孔，他毫不犹豫地回答：“发现拉马努金！”随即再补上，“与他的合作是我人生中的一个浪漫的意外。”哈代不禁嘴角上扬，思绪已飘向从前……*

此外，张瑞棋更是泛科学热门专栏《科学史上的今天》的作者，在泛科学上曾连续连载 366 天科学名人与历史事件，至今也是网友搜寻与热衷分享的内容，后来也被出版社邀约出书。（你可以到这里阅读整篇文章：http://pansci.asia/

archives/98727）

不管是一般名人，还是科学名人，我们都可以从我们自身想分享的专业领域去切入，而这也是一个很好利用的写作套路。一个额外的好处是，当你介绍自身专业领域的那些名人，读者会更倾向认为你对整个知识领域掌握得非常完整，同时也可以促进你跟同领域人士之间的交流。

4-6

生活必需：衣食住行

让知识更加容易亲近，从每个人的生活必需出发。

接下来跟大家继续介绍，我们在十个写作套路上的第六个套路，就是“生活必需”。

包括衣食住行育乐，生活相关的知识和科学，最容易引起我们所有人的关注，会觉得这个知识可以用得上。因为大部分的专业知识之所以会让人觉得有点距离，就是因为感觉知道也没什么用，所以生活必需的类别，在我们的写作套路中也是最受欢迎的套路之一。

还记得吗？前面解析热门文章的要素时，我们有提过“亲近性”，而从生活必需来切入知识，就创造了对读者来说的亲近性。

如果减肥变成游戏

这里举一篇专业医药健康网站 MedPartner 美的好朋友所撰写的《减肥的过程漫长又没有成就感？那就让减重变成游

戏，成为斗体重的勇者吧！》文章。

大家知道，坊间有很多专家达人都在教大家减肥，那我们可不可以从各自的专业角度去切入减肥这件事情呢？减肥当然不只是营养师、医师或是运动专家的专利，不管你是什么领域的专家，你都可以想到主题去跟减肥这件事情产生联结。

> *大家这么沉迷于脸书的重要原因，就是它某种程度上给了你很直接的回馈。大家不都会拍了美食照、自拍照，然后赶快刷屏幕，就是要看看有多少人点赞？*
>
> *那减肥为什么会这么困难？因为缺乏明确、直接的反馈。而且某种程度上，它比考医学院还难。考医学院对大多数人来说应该是件不容易的事吧？从你念高中开始，跟你说三年之后你要考一大堆科目，而且每科都要拿到很高的分数，这东西实在太抽象，太缺乏反馈了。但至少学校会把它拆解成各种周考、月考、模拟考，让你某种程度上，在考大学这个“任务”过程中多多少少得到一些“反馈”。*
>
> *但减肥这件事情，你从不会因为少喝了一杯含糖饮料，或多运动了20分钟，就立即在体重计上看到体重的变化。甚至即使你看到变化，也别高兴太早，因为人的身体有60%~80%的水分，喝杯饮料或撒泡尿就可以让体重上升或下降一公斤了。所以要评估自己体重的变化，真的需要时*

> *间。但这只有真的看到明显的变化时，你才会感受到。在那之前，可能超过 90% 的人都已经自暴自弃了。*

因为“减肥”是生活中很多人关心的主题，这就是链接生活必需，并且在大家的生活必需中，展现我们的专业领域知识。（你可以到这里阅读整篇文章：http://pansci.asia/archives/119073）

找到你的知识与生活的链接

那除了减肥以外，大家还想到什么生活主题可以和知识链接吗？

例如说睡眠不足，其实睡眠不足是现代人的一个通病，所以如果有办法找到你的知识跟睡眠相关的主题，就可以写成一篇受欢迎的文章。假设你是生物学的背景，能不能从动物生理机制的角度切入睡眠？假设你是物理学的背景，能不能去聊聊枕头的材质和受力呢？假如你是化学的背景，能不能去聊聊睡觉的时候要闻什么样的气味会更好呢？可以从各个专业角度去切入睡眠，或者是睡眠质量，这也是非常有趣的。

再举个例子，像是宠物也是现在人们非常关注的主题，现代人很多都会养宠物，不管是猫派还是狗派，还是兔子派，还是爬虫类派，看你希望从什么样的主题切入，不只是动物学家或宠物的专家才可以谈，同样我可以从各个角度去切入，例如，我是心理学专家，可不可以谈论养宠物对心理健康有无帮助呢？

像是非常热门的手机和社群媒体主题，因为现在手机和社群媒体高度深入到人们生活中，所以从这个角度出发，你的专业领域也会容易受到大家注目。例如说，很多人说手机让人越来越焦虑，从心理学如何解释这件事？用手机去完成一些工作是否可行，从时间管理专业角度如何解释？智能型手机与通讯 App 对选举的影响，从政治学的角度如何看？你可以从各个知识角度去切入这些现代无孔不入科技跟生活的关系。

不过，这里还是要再回顾一下我的前提：并非所有热门、有趣的主题对写作者来说都是好的，重点是这样的一个主题，和你的目标受众之间是否能够契合，你的目标受众是谁？是在写作前首先要确定的事情。

当目标受众不同时，生活必需的主题就会不一样，你要去寻找跟你的目标受众高度契合的生活必需主题。

4-7

社会争议的知识

清楚表达立场，用知识证据说明你的立场。

接下来介绍下一个套路，叫作社会争议。

讲到社会争议，大家可能联想到要选边站，甚至会讲到火冒三丈的一些主题，但这里不是要大家去吵架。因为社会争议本来就会跟科学、跟很多专业知识密切相关。

无论是政治、环保、经济中的争议议题，你都会看到许多专家在社会争议中扮演一个专业的角色。但是，你可能有时候也发现，很多争议性议题要不是沦于吵架，要不就是专业都讲不清楚，所以说这就是专业的沟通问题。

介入争议，展现你的专业

这时候，如果你想要通过专业去营造个人品牌，并且你知道自己对专业足够理解，乐于沟通，就可以去介入这些社会争议性议题，去展现自己的长处，把专业讲清楚。这会是展现自己知识的一个好机会。

“切入社会争议，其实也可以有很多方法，不一定就要正面对决，也可以从周边补充不同角度的知识。”

像是能源问题这样的社会争议，我们之前都会讨论台湾到底能不能用核能呢？台湾的再生能源规划应该怎么选择？再生能源如太阳能板、风力发电机的设立会不会影响当地的环境？又或者说新的能源是不是会影响国家财政？我们可以从很多的角度来切入能源议题，这就跟我先前提到的衣食住行生活必需很像，但是它是一个高度争议性的议题，加上现在许多政策跟科技都在快速变化，大多数的先进国家也都在思考能源议题，提出很多种思考角度，这时候就可以从自己的专业知识领域来发挥。

充分表现立场，而非隐藏立场

当我们触及社会争议的时候要记住，比较好的方式是我们能够诚恳地把自己的数据与立场呈现出来，而不是隐藏在背后。

要了解，当我们想要通过社会争议来呈现专业的时候，某方面我们也已经选定了我们的立场，这时候不要隐藏立场，反而要充分表现出来。只是另一方面也要记住，就是要有足够的数据与论据来支持这个立场。

千万不要想说你的立场可以讨好所有的人，或想采取一个模糊的立场讨好大部分人，这是不可能的。社会争议就是要让个人选择自己的立场，当然，我们的立场要建基于那些有凭有据的资料之上。这样，才可以更加显出我们的专业。

在泛科学上常常有作者发表触及社会争议的文章，像是性别（如同性婚姻）的议题，其中我推荐大家读读这篇由作者杨仕音将自己的演讲整理而成的《同性恋的科学，与我血淋淋的亲身经验》。

> *他的第一个问题是：同性性行为自然吗？什么是自然、什么是正常呢？如果我们开始讨论自然的定义？发现这样下去会变成没完没了的哲学鸡蛋糕，不得不请朱家安老板出面了，但是幸好，我们两个都是理工阿宅，所以我就很奸诈地“复述”他的问题：其他物种如果有同性性行为，算是自然吗？他回：算。*
>
> *很好，我就是在等这个答案，接着他就掉到我的陷阱里了。我跟他说：同性之间的性行为并不罕见，只要异性个体*

之间在生殖时所表现的互动（比方说求偶、交配）发生在同性个体之间的时候，生物学家就会称为同性性行为。其实同性性行为存在于自然界的许多动物中，包括哺乳类、爬虫类、鸟类、两生类、昆虫等，大家有看周四泛科动画日《动物界的多元成家篇》吗？

（考考你：科学家目前发现到有同性情谊的动物至少几种？）而某些动物，同性性行为比例不低于异性性行为，像是瓶鼻海豚，雄性个体的性行为，当中有 50% 是发生在同性之间。

你可以看到，文章触及了一些具有社会敏感性的议题，但是因为要呈现自己的专业，所以不是像一般网络上的笔战那样，我讲我喜欢的，你说你高兴的。而是要非常清楚地来告诉大家，为什么这个事情我会站在这个位置、选择这个立场。你也可以看到，作者为了让更多人愿意理解，而采取了从个人经历出发的策略。

最后提醒大家，社会争议的写作套路，特别需要比较有经验的写作者来掌握，如果你觉得自己还不是太有经验的人，其实可以先试试看写别的主题，之后再来尝试挑战社会争议。（你可以到这里阅读完整文章：http://pansci.asia/archives/88407）

泛科学作者问答

如何有启发地讨论争议性议题？

Mr. 柳泽（杨仕音）/ 工作日为科普人兼专利人，周末悄悄变身为素人画家。

在跨性别、同性恋到安乐死等社会上各种充斥着杂音，却没有人能给出正解的争议性议题中，科学有介入的空间吗？纵然科学知识未必能将“柯南的真相”直接带到读者面前，但却能启迪更多人参与进一步的讨论与思辨。时常从科学角度深入这些争议性议题的杨仕音，是如何搭起科与普、科与科之间的桥梁呢？如果你也想通过知识写作讨论争议议题，以下是杨仕音提供的几个小建议：

1. 以争议性议题为主题的科普文章所要传递的不是明确的答案或终极的解法，而是通过现今已知的科研证据，建立每个公民的科学素养。因此，内容本身未必需要“写好写满”。即使提供专家意见，也应注意科学的地基是否打造得“过”或“不及”，如此一来，才不至于剥夺了读者独立思考此议题的能力。

2. 争议性议题绝大多数是跨领域的，科学虽有一席之地，但往往无法跟政策或法律直接画上等号。科学只是呈现可能回答这些暂时无解问题的路径。政治正确或是不正确与现阶段的科研证据无关。即使作者心中有既定立场，还是应尽量避免不小心“带风向”，科学毕竟不该为个人的意识形态服务。

3. 众说纷纭的争议性议题乍看之下有时没有交集，但多半只是观看的角度或所处的立场不同。此时不妨试着找出各方的重叠处（共通语言与背景知识）破题切入，或是以较为轻松幽默等不同形态的写作方式，吸引立场对立的读者“愿意读下去”，进而从原本自己不习惯的面向开始思考，这样的写作策略往往比引战或打脸的起手式，更容易“邀请”读者共同思考这些与我们生活息息相关的议题，从而促进对话。

4-8

有感创新

让大家激动但又不偏离真实的知识展望。

前面的社会争议套路，不是每个人都能上手。所以接下来介绍的是一个大家都可以尝试的套路，比起社会争议来说，这个套路非常欢迎所有初学者，当然写作一段时间的朋友们也都可以尝试。这个套路就叫作有感创新。

什么叫作有感创新呢?

避开“科学情色”文章

在科学传播上，有一种共识是会去避免“科学情色”，这里讲的情色不是真正的情色，而是说把科学讲得很诱人但是不真实。意思是他会告诉你未来将会怎样、有一种神奇的药物或发明可以大幅改变一切、基因科技如何高速发展、未来会有什么新科技很厉害之类的，但是，有很多内容其实都只是要刺激我们这些读者的想象，却没有真正可靠的证据、发现、研究。这些科学情色的文章通常不够扎实，有时候基于一些还不够全面的研究，话却讲得很满，会让人产生虚假的期望，让人白高兴一场，但又难以检验。尽管如此，因为具有新奇感，大家还是很喜欢看。

我们撰写知识文章、经营个人品牌，虽然也是要利用新奇感，想要写让大家爱看的文章，但我们要传达的仍然是正确、不过分夸大的知识，所以我不鼓励大家写科学情色类型的文章。

呈现让人激动但可靠的想象

这时候，如果真的是想要呈现自己的专业，同时打造自己的专业知识品牌，并且呈现出科学与知识的想象展望的话，我会建议我们根据“有感创新”这样的一个套路来写作。

“有感创新”的套路和前面说的科学情色，中间有一个细微的差别，有感创新要掌握我们在“知识写作九宫格”当中的几个关键，包含：这是怎么做的？谁发明出这样的一个专业？他为什么现在要让我获得这个知识？

通常那些科学情色的文章，都会直接跳到结论，中间会讲得不清不楚。但是反过来，如果你可以把中间的过程讲清楚、讲得够专业，而且又可以在结论时帮助大多数人对这些未来产生想象，对这些科技产生憧憬，那么就是有感创新。

一方面你可以满足许多读者对于这个科技未来的想象，也可以让他们非常关注你的知识。另一方面，也可以借此机会，提升大家在科学逻辑上的思维。同时让你能够带给读者更好的愿景，又能让读者更信任你的专业，找到一个比较好的平衡点。

以数字和数据为基础

有感创新要注意哪些重点呢？最关键的重点就是数字。

“所谓‘有感’就是要比之前的典范或产品做得更好，那么到底会好多少呢？请以数字数据来说明。”

所谓的更好到底是多好？不一定是明确的数字，也可以是倍数或比例，这时它就需要有一个比较的基准，例如，以前大概是做到这样，那现在是几倍？几十倍？还是几百倍的？

泛科学的作者 Gilver 写过一篇《超级抗生素万古霉素 3.0 问世！效能更胜初代 2.5 万倍》的文章。

从标题就可以看到，作者 Gilver 要讲一个未来展望，要让大家有感，但不是空泛地讲，而是直接给大家一个数字。

> *为了解决抗药性的问题，美国克里普斯研究所（Scripps Research Institute）的化学家戴尔·博格（Dale Boger）与他的研究团队开始研发万古霉素的新版本，好让它可以和末端为 D-ala 和 D-lac 的多肽结合。他们在 2011 年取得初步成果。与此同时，其他团队也开发出了利用万古霉素杀死细菌的新战术：一种替代方法是中断细胞壁的合成，另一种是在细胞壁上打洞，借此杀死细菌。*
>
> *而在 2017 年 5 月，博格和他的研究团队研发出了集结三种战术于一身的新型抗生素——万古霉素 3.0。经过测试，万古霉素 3.0 对抗 VRE 和 VRSA 等细菌的能力至少比初代万古霉素强上 25000 倍。*
>
> *更令人惊艳的是，新型万古霉素对抗细菌演化的持久度似乎比现有抗生素都还要强。大部分的抗生素在细菌繁衍几代（round）之后就会开始失效，但博格等人的实验中，细菌在繁衍了 50 代之后仍无法演化出抗药性。*

这篇文章说超级抗生素的杀菌能力，比之前超过多少多少倍，这个倍数以及它的力量就要呈现给大家看，当然，不能只单纯地告诉读者这些事情，必须要掌握前面给大家的提醒，就是要告诉大家为什么？有什么展望？有什么用？这个比较重要。（你可以到这里阅读完整文章：http://pansci.asia/archives/flash/120552）

4-9

性爱剖析

通过大家最关注的性爱主题，传达你专业且正确的知识。

接下来要告诉大家的下一个套路，就真的跟我前面讲的情色有点关系，这个套路就是性爱剖析。

其实性爱剖析这个主题，就跟前面的生活必需套路很接近，大家都知道生活中离不开性与爱，但是为什么性爱剖析要特别从生活必需中拉出来呢？

因为这是一个独立而且非常大的项目，大家可能也很清楚，网络上最常被搜寻的主题之一就是情色相关的内容。很多的流量都是流到这类网站。当然，我们是做专业知识分享与普及，不是要去做情色网站。

但是，通过触及性爱这样的主题，在性爱剖析中，让大家了解到你的专业知识，吸引大家的注意，并且导正这个议题上的知识，其实也是一个很有用的写作套路。

不是情色，而是解惑

举例来说，我们可以去谈认识人的身体部位，特别是跟性爱相关的部位。可能很多人不知道女性的阴蒂长什么样子，为什么要存在？有哪些功能？男生身体的这些性器官，到底有什么功能？

还有很多关于性爱相关的迷思，这些迷思通常都是网络上最热门话题。例如，网络谣言说无名指比食指还要长的话，代表这个人性能力比较强，有这样的研究发现吗？这中间真的有因果关系吗？或者说每天自慰，会让性能力下降，这到底是真是假？

其实关于性，以及相关的许多话题，大家心中都是有很多半信半疑的、不知道真假的疑惑，非常需要专家来帮大家解答。

你可以看看你的专业是什么领域，因为性爱是个非常大的主题，我想任何一个专业领域基本上都可以跟性爱找出相关的联结。

举例来说，泛科学作者曾文宣有一篇文章是《自然界无奇不有的交配仪式》，性爱也不只是限于人类，有些是人类外的，是动物界的性爱，我们有没有可能通过了解动物界的各种性爱方式，而有所启发呢？

许多动物在两性所扮演的角色上常常颠覆了我们的认知，而在斑点鬣狗身上更是超越你我的想象。

比起雄性鬣狗，雌鬣狗的体形较大、侵略性较强，即便是族群中地位最低阶的雌性，其位阶也比地位最高的雄鬣狗还高。这样的位阶制度十分严谨，甚至许多成年雄性都还会惧怕年幼的雌鬣狗。成年后的雌鬣狗会对爸爸比较友善，这个爸爸不会像其他雄性一样易遭受霸凌。

最酷的一点是，雌鬣狗拥有如假包换的“假阴茎”，这种延长的阴蒂同样可以勃起，而且比起雄鬣狗的阴茎还要长，可达 17 公分。

我们可以通过性爱这个大家关注的主题，让大家也同时去了解其他的动物，所以不一定直接使用性爱这个主题，也可以将它运用为一个比喻、一个媒介。

但是这里也要特别注意，这个做法特别适合成年人读者，如果说你的目标读者通常是年纪比较小的话，可能就不太适合。（你可以到这里阅读完整文章：http://pansci.asia/archives/58185）

4-10

针对科学 / 专业

吸引原本就对专业感兴趣，真正会挺你，真正会长久支持你的人。

接下来介绍的最后一个套路叫作针对科学 / 专业。

什么是针对科学 / 专业的主题呢？其实我前面讲了许许多多的套路，这些套路大部分都是关于某个知识，担心大众不感兴趣，所以我们找一个大家会关注的点去切入，让大家开始对这个知识感兴趣。

因为我们有个前提，一开始很多人不关注科学，不关注你的专业知识，所以我们才必须要用各式各样其他的套路，来连接知识跟这些大家目光焦点。

“但是最后这个套路：针对科学 / 专业，主要的沟通对象就是专业领域里的人，与原本对你专业领域就感兴趣的读者。”

首先说服你的专业读者

我们想触及的目标读者，可以是一般大众，也可以是专业读者，或具有主动性想要认识你这门知识领域的人。

所以针对科学/专业就是反过来讨论自身专业知识领域内的议题。其实还有不少人，他就是对于科学成果或专业运作本身有兴趣，就是对科学充满好奇，可是他还没有你那么懂。这些人对你来说，其实是一个非常重要的族群。所以我们也要设计一个套路来满足这些族群。

而且这些原本就对你的专业有兴趣的人，更容易被你的专业说服，并且更容易因为你的专业表现相信你，也会更主动加入你的行列，会是你经营个人品牌过程中关键的助力。

直接吸引对这个专业有兴趣的人过来

泛科学网站上，就有一系列文章在告诉大家某某科系到底在做什么？例如，森林系在做什么？生科系在做什么？心理系在做什么？大家念过大学应该也对这些科系多少有印象，知道这些科系的存在，可是这些科系的学生到底在学什么？毕业了之后通常会往哪些职业发展？里面的学生和老师到底在干什么呢？结果有没有可能跟我们想象的不一样？

我们就直接针对这个科系平时在做什么，做了一系列介绍，看起来读者范围很局限，却可以很明确地吸引这些人来关注。

所以，我们可以针对科学/专业的一个主题，直接告诉大家这个专业里面在做什么。

其他大多数人对专业内幕也有兴趣

除了专业中的人，大家会对这样的主题有兴趣吗？其实，还真的会有兴趣。因为大家可能对于这些专业是什么还一知半解、有一点印象，平常没有机会听到领域里面的人来跟大家讲这里面在做什么，这时候有人现身说法，就可以吸引到很大一批人的关注。

简单来说，如果你是某个领域的专业人士，你也可以想想看，可不可以先写一篇文章来跟大家讲你的专业到底是做什么？你是工程师那你到底每天在做什么？你在这个组织、公司、团队或计划里到底在负责什么？其实从这里开始，就可以吸引到很大一批人的关注。

有时候，我们在做知识传播，也可以针对知识传播本身来进行讨论。例如，泛科学本身就是做科学传播的组织，我们就会在文章中检讨各种科学传播的做法到底对不对，例如，我们会检讨打脸文，这样真的有助于看到这些文章的人纠正他们的想法吗？还是他们会因为被打脸了，而更抗拒科学呢？

你身为一个作者，可以去想想看，有没有办法直接去跟读者沟通你的专业，去问读者自己该怎么做得更好？或是问读者他们对其他专业知识分享者的观察，他们哪些做法值得自己学习？通过这样的方式，让读者成为你的老师。

这些主题，这些内容当然没办法吸引到很大一批人，但是他们可以吸引到真正懂你的人，真正关注你的专业的人。

以上就是 10 个爆红知识文章的写作套路，可以帮助你找到真正的读者，提供给大家做参考。

第·五·章

如何精准推广内容，
建立品牌认同

5-1

帮你传播内容的三个关键角色

专业知识内容的传播不一定要靠花俏营销技巧，
而是要依靠关键推广者。

在前面几个章节，我们总结了泛科学上的各种知识文章，尤其是爆红知识文章背后的写作方法，从架构、选题，到案例套路的分析，就算身为专业工作者的你原本不熟悉写作，也可以把自己的专业知识，写成受大家欢迎的文章。

但是，一篇有潜力大受欢迎的知识文章，不代表必然就会广为传播。在网络社群化的时代，专业工作者必须变被动为主动，利用正确的营销技巧，把已经变得有趣的内容，让更多目标读者能看到。

不过你也不用担心，这不是要请你变成一名网红（除非你想要），也不是要让你抛弃自己的专业，更不是要你花很多时间去搞懂社群营销。对于专业工作者来说，学会如何推广内容就跟学习写作架构一样，依然有一些简单、具体可行的做法，可以帮助你快速上手。

接下来这个部分，就让我来跟大家聊聊，写好文章之后该如何推广出去？

好内容，更需要好的推广者

如果是在30年前，有人要来教你如何扩散自己写的专业知识文章，让更多人认识你，他可能会建议你，投稿到大媒体，如当时的报纸、杂志专栏，看看大媒体的编辑部愿不愿意刊登你的文章。

不过，我们现在的媒体环境已经完全不一样，所以我们要讲的，是更适合现在这种新媒体传播环境的一些内容营销方式。

传统的媒体环境像一座金字塔，信息就从金字塔的塔尖往下传播，一层一层地越传越广，但是真正掌握传播管道的，仅限于几个把持金字塔塔尖区位的大媒体，这个区位中的人非常非常少，却掌握了非常非常强大且关键的传播管道。在那个年代，如果你要传播你的文章，可能要花很多时间去投稿，说不定还要建立媒体组织里的人脉，更加花费时间。

"可是现在完全不一样了，每一个有智能型手机的人，每一个可以联上网的人，基本上都具有跟30年前这些大媒体同等，甚至更强大的传播能力。"

在新的媒体环境里，专业工作者如果想要传播自己的内容，不一定要通过大媒体。我们不用把自己的目光局限在去跟传媒编辑、记者们打交道，也不一定要仰赖里头的人来帮我们推广，我们真正要找的是下面三种网络社群化时代的重要推广人。哪三种人呢？就让我一一道来。

联结者

第一种人叫做联结者，联结者是什么样的人呢？

举个例子来说好了，你的身边有没有、或者你自己是不是那种喜欢跟团行动、呼朋引伴的人呢？你是不是喜欢去邀约大家一起开团购的人呢？你是不是会去脸书成立一个社团，然后邀集亲朋好友一起加入的人呢？你是不是会在某个论坛开版，然后召集兴趣一致的朋友，一起在上面讨论议题的人呢？

如果是这样的话，你就是属于“联结者”。

所谓的联结者，他的特色是人脉非常丰沛，而且很喜欢主动去联结不同的人，把人凑在一起。他或许不是一个特定主题上最专业的，但是他有热情，更有行动力，愿意主动把这个领域的人聚集在一起。这样的一个角色，很喜欢认识人，而且他通常跟每个人彼此间的关系都还不错，不管是在线也好，线下也好，这些人都有上述这些特质。

“联结者”的优点在于他认识很多特定领域内的相关人士，比大多数人更清楚这个领域里的人在做些什么，有时甚至还能跨多个领域。如果你跟“联结者”聊天，这些人通常可能会跟你说：“那个谁正在做这样的事情，如果你要做这个计划，要不要去跟他聊聊？”

“你在做的事情蛮有趣的，我有个朋友现在在做什么，你们要不要合作一下？”一些更积极的联结者甚至会主动观察你的状态、找你讨论，来试图联结你跟其他人。

传统媒体金字塔模式已经崩解，而这些具有高度主动性的联结者，在当今的知识网络化传播环境里，是非常重要的节点。他们某种程度上取代了传统金字塔顶端的大媒体角色，彼此之间的沟通方式更扁平快捷，对特定知识领域更有感情也更深入，而且对你来说更容易触及。

当我们开始试着将自己的文章传播出去时，必须要先了解这些节点的位置在哪里，并主动发出信息给这些节点。

“联结者们已经帮你把相关的人聚集在一起，你可以通过联结者，去触及目标领域内的那一群人。”

假设你现在已经完成了第一篇觉得写得还蛮不错的文章，到底该推给谁看呢？当然就是这些节点，所以你要先找到相关主题的链接者们。

联结者可能是某个社团的团长，也可能是PTT上讨论版的版主，这些人其实都可以协助你把信息传播出去，即使他没有办法帮你，他也可以告诉你其实可以跟谁聊聊，可以把信息给谁看看，这些人的意见都是非常关键的。

在因特网上，我们必须先找到这些节点，这些节点才有办法帮你把信息传播得更远。但如果你身边没有这种人怎么办？没关系，到网际网络上去搜寻就好，通常社团、讨论版的开团、开版人，或是现任的版主、团长就是联结者的角色，你务必要尝试跟他们接触。

不用我多说，因特网有个非常方便的功能就是搜寻，所以我们可以通过简单的关键词搜寻这些社团或讨论版，举例来说你可以在 Google、Facebook 或在 LINE 里头搜寻，应该很容易找到你的目标族群会聚集的讨论版或社团，不管是以兴趣、地区或身份来区分，这些讨论版其实预先就已经聚集了一群人，比起乱枪打鸟，把信息直接传到他们的眼前更有效率，所以我们可传信息给版主、团长，请他们先看看我们写的内容如何，以及是否愿意考虑一下，帮忙分享到社群里，或经过同意后，由我们自行发布，其实就是扩散内容最有效的方式。

当然，这也要看你自己想要触及哪个社群？要触及什么样的人？不是最热门的社团对你来说就最好，优先考虑的还是你的目标读者与你的专业领域。不妨先利用关键词搜寻到不同社群，潜水一阵子，看一下社群的活跃程度与规模大小，很快你就可以知道到底该接触谁。

专家

第二种协助你传播内容的角色，就是所谓的专家。

专家跟前面介绍的联结者有一个很显著的差别，专家其实不太主动去联结，因为专家其实很忙，本书刚开始提过，包括正在读这本书的你在内，只要是专家都可能会掉入专业的诅咒。不过专家的角色还是非常重要的，尤其少数有影响力的专家，他们的特色是只要发言必然备受关注，取得很多人的信任。他们是关键意见领袖（Key Opinion Leader），在你所属或打算进入的领域当中大多人都知道他，并且会关注他的信息。

其实，专家也可以说是已经利用他的研究、他发表的文章、他的个人知识品牌成为了有影响力的人，也就是这本书希望帮助各位成为的那种人。

“在你的领域，一定有些已经建立知识影响力的专家。我们要找的，就是先我们一步，已经建立知识品牌的他们。”

不是每一个专家都是我们要链接的对象。事实上大部分的专家，在社群媒体上不一定有影响力，或在网络上并不活跃，那就不是我们要找的人。我们要找的专家，是既够专业，在社群媒体上或各种传播管道上也有非常多关注者的那群人。很有可能，就是你的模范学习对象。

同时拥有这些特性的，才是我们要找的专家。这些专家可以帮你扩散内容，并且触及你的目标读者群。

如果有位专家，虽然专业能力很强，但是比较孤僻，不太跟外界接触的话，那就不是你要找的人。

同样地，我们一样要考虑目标读者。一个挑选重点就是，这位专家是否在你的知识领域中。不是随便找个专家就好，只有真正跟你的专业知识有关的专家，才能帮你有效地扩散内容。

比如说，你是一个财经专家，你想要通过自己的财经专业来打造个人品牌，那这时候你要找的，就是另外一位财经专家，并且是一位已经在社群上有影响力的财经专家。如果他能够来帮你背书、帮你宣传，就能让读者对你文章产生信任感。

因为在这个领域当中，你才刚起步，刚开始通过写作来让更多人认识自己，可是绝大多数人并不知道，也不一定信任你。如果在这个领域中受人信任的专家能推荐，或是非常厉害、负有盛名的专家愿意分享你写的文章，看到的人自然就会更信任你的内容，或是好奇为什么你的内容被推荐。

记得不要把这些已经成名的专家当成你的竞争对手，而是要当成学习的典范。态度要正向、大方，不然很容易掉入“专业相轻”的陷阱，反而错失进步的机会。

因特网与社群媒体的好处，就是我们一样很容易就可以找到这些人，不管通过他们的微博账号、粉丝专页，或是通过 E-mail，要联络上这些人其实不难。所以当你写好一篇文章，当然也要联系这些专家，把你完成的好内容提供给他们，请他们过目，提供你一些意见，如果可以的话，也可直接请他们帮你分享、推广。

专家就是另外一种你该主动接触的重要推广人。但也请记得，因为专家很忙，所以当你传信息给他请求帮忙前，请再次检查你写好的文字内容，别浪费机会喔！

推销员

第三种可以协助推广你内容的人，就是所谓的“推销员”。推销员这种角色跟前面介绍的两种角色有较大的差异。

前面我们说到的“联结者”，通常是在一个特定主题社群中扮演召集与创建社群的角色。而“专家”也是在特定领域内的意见领袖。可是“推销员”不一样，推销员不属于你本身所属的专业领域，他可能没有特定领域，或属于别的领域，而且还跟你的领域距离蛮远。

可是推销员有个特色：他们特别喜欢尝试新的东西，大家也喜欢看他尝试新东西的过程与感想，他是各种新知识、新产品的早期采用者。

大家可能学过，在创新扩散理论（Theory of Diffusion of Innovations）中，一开始先有创新者（Innovators），也就是创造产品的人，然后是早期采用者（Early Adopters），然后再是早期大众（Early Majority），最后才逐步推广到后期大众（Late Majority）以及落后者（Laggards），一个创新产品或知识通常这样一个阶段接着一个阶段传播下来。

“所以你会发现，一个新产品、新知识要获得大家的喜爱，首先要先获得早期采用者的喜爱。要不然之后的传播路径就断掉了。”

如果一个产品或一个点子，甚至包括你现在要推广出去的一篇知识文章，最后要被大家所接受，你身为创作者，接下来要找到的就是“早期采用者”，也就是我所说的推销员。

推销员是很重要的一批早期采用者，他们可能不一定了解你正在做的事情，不一定了解你的专业，甚至可能对你拥有的知识也没有什么兴趣，可是他就是喜欢尝试新的东西。只要跟这些人说，你有一个新的东西，一个新的点子，一篇新的文章，想请他们帮我看一看，或说你有一个新的博客、新的粉丝专页想请他们关注一下，如果真的有创意、也搭上了热点跟场景，他们会觉得有兴趣。

而如果这些推销员/早期采用者发现了你的好，他们很有可能主动积极地帮你推广出去，成为你的知识、文章、产品被领域外大众认识，并快速扩散的转折点。

这些推销员，很多都是以博客客的身份游走在因特网上。早期的博客客多为科技技客社群互相交流，或是为了草根媒体理想而创作的媒体人，后来更是百花齐放，现在很多博客客其实与商业界有非常紧密的联结，许多人也可能同时是某领域的连结者与专家，协助许许多多新的商家、品牌，把有趣的、创新的产品信息传得更远。

许多博客客扮演了推销员的角色，他们乐于尝试新的东西，然后告诉大家他们尝试的过程，以及他们体验后的心得是什么。呈现的形态不只是文字或摄影，有许多人正朝影音转型，成为影音博客客或 YouTuber。

同样地，你也可以把你的知识文章当作是一个产品，邀请他们来“试用”。他们阅读的过程，以及他们阅读的心得，都可能成为他们在微博、博客、微信上的新内容。

如何找到三种知识扩散关键人物？

以上三种人，没有人可以给你一张完整的名单，因为每个人的专业领域都不一样，你必须自己去找到你需要的这三种人。不过不用灰心，因为这个名单是可以长期逐步累积的。

我在刚开始经营泛科学的时候，是个默默无闻、毫无资源的网站，当时我们尚未建立自己的知识品牌，有好文章但是没有人知道，于是我选择厚脸皮不害臊地，主动把自己写的与网站上其他作者提供的知识文章，传给很多联结者、专家、推销员，请他们阅读，请他们帮我们分享，或是给我们指教、告诉我们怎么改善，如何做得更好。

这些传播路径上的关键人物，不只在扩散我们的内容上有极大的帮助，帮我们触及目标读者，他们给的反馈，加上帮我们传播分享的力道，就让这样一个新生的知识媒体得以在初期获得非常高的关注，而更多的关注带来正向的循环，让我知道后续该写什么、该找哪些人聊聊合作。

“要传播专业知识，你不一定要用很花俏的营销手法，反而更该注重传播的深度，而这三种人非常适合帮你打开深度传播的大门。”

经过多年努力，现在泛科学已经长大了，成为一个具有规模的知识网站与企业，当我们自己变成一个关键传播节点后，很多人也主动希望来跟泛科学合作，借由泛科学来把他们的内容传播得更远，我们当然也乐意扮演联结者、专家与推销员。相信有一天，你自己也会成为这样的角色，所以这是相辅相成的。

特别要提醒大家注意的是，除了要累积这三种人的名单和联络方式以外，我们在接触这三种人的时候，不要把羞耻心背负在自己身上，而是要把好奇心找回来。如果你想建立知识品牌、发挥知识影响力，一定要勇敢，别害羞，把自己做出来的内容分享给这些人，不要忧心他们可能会让你吃闭门羹，或者根本就不理不回应，事实上，就算这些人不理你又如何呢？

“传播之道无他，别怕沟通的失败，而是要尽可能持续地去触及、联系这些联结者、专家与推销员，只要一两次的成功，就可以帮助你建立有效的读者群。”

其实，社群媒体为什么叫作社群呢？就是要尝试通过人与人之间的联结，让这些人愿意来协助我们，也让我们可以去协助他人，要不然社群媒体就没有意义了！

社群媒体就是要通过人与人的互动来发挥效应，所以我们要主动去接触这些人，就算他们没有响应又如何？我们持之以恒，再找别人来帮忙，这并不是需要花大钱的事情，顶多就是花我们一点时间，以及付出我们满满的诚意。相信这两个条件你都不缺。

以上，就是在推广你的专业知识内容时必要的三种关键角色。

5-2

不只借势，更要善用反馈来造势

让你的读者参与进知识内容创作中，鼓动大家一起来。

通过前面的三类重要推广者，我的专业内容开始被看到，开始有读者进来阅读了。这时候，我们要思考的就是如何留下这些读者？如何让这些读者可以帮我们吸引更多读者？接下来这个部分要介绍的，就是要利用文章发表之后收集到的反馈，来继续扩散知识内容的影响力。

你的专业内容，与使用者的反馈内容

说到反馈，其实网络界有个专有名词，就叫作 UGC（User Generated Content），也就是由使用者生产出来的内容。

而相对地，专业媒体组织，或专业内容生产者创作的内容，就被称为 PGC（Professional Generated Content）。

UGC 的 USER 是什么意思呢？就是像微信、微博上，或许许多多新兴的内容平台上由使用者所产生的内容。这些平

台一开始上面都是一般使用者上传的内容，当然现在这些平台已经普及化，不管是专业人士或是非专业人士，都利用这些平台来制作跟发布内容，但尽管专业制作的内容质量较高，在这些平台上面大部分的内容，还是非专业人士生产出来的。

这些由非专业人士/一般使用者生产的内容，就叫作UGC。

那UGC跟反馈有什么关系呢？看起来UGC似乎跟我们的品牌营造目标或知识内容是没有什么关系的，因为你通常不是想要架一个像是YouTube或Facebook这样的内容创造平台，也不是想要邀请大家来创作内容。

但是，当我们把知识内容分享出去之后，就会收到读者的反馈，这些反馈来自使用者的创作，其实也都是UGC。

“如果要成功建立个人知识品牌，只靠自己生产内容是不够的，还要善用使用者帮你生产的反馈内容。”

从借势，到造势

谈到反馈，就得回过头来说说营销上的两个关键：“造势”与“借势”，而反馈与造势有非常重要的关联。

我们之前在介绍知识写作九宫格的时候，提到要利用热点，如名人、节庆、流行文化等，这其实就是所谓的“借势”。一开始，读者对我们的知识文章不一定有兴趣，所以要借助大家有兴趣的主题，来吸引大家的目光，这就是“借势”，就是说我们要借用这些热点、借用这些场景、借用大家所关注的主题。

那到了现在这个阶段，文章已经写好了，读者被吸引进来了，这时候我们就要来“造势”，从借势到造势，让进来阅读的读者觉得我打造的空间很棒、很有吸引力，想要一直留下来互动。

造势是什么意思？

我们可以想象一下，假设我们现在在办演唱会，你就是在舞台上表演的乐团主唱，什么时候台下的观众会最嗨？想象一下，然后我们揭晓答案。

其实就是当你把台下的观众拉上舞台，或是你自己跳下舞台加入群众的时候，台下的观众会最嗨，这是为什么呢？就是因为你打破了舞台跟观众的界线，让观众参与进你的表演，这个时候，表演内容由你与群众共创。台下的观众就会很有参与感。

当我们开始写作，在自己的网站或粉丝页发表文章的时候，其实我们就像是在舞台上表演的乐团。如果我们想要造势，就要时不时地来打破表演者跟观众之间的隔阂，让台下的观众觉得你注意到他们，感觉你跟他们在一起，并且让大家加入你的表演（像是“跟我一起拍手！”）。这时候会让大家很嗨，而且会让大家想要一来再来，甚至找朋友一起来。

“你的造势不一定是要办营销活动，也可以通过知识内容的反馈本身，来创造你与读者间的紧密联结气势。”

所以我们有哪些情况可以造势？可以用哪些方法造势呢？这里向大家介绍四种情况。

用“批评与建议”造势

第一种可以用来造势的反馈，就是批评和建议。

有时候我们写好一篇文章，特别是讲求专业的知识文章，却不敢发表出去。因为这种文章其实也很容易引来批评，很多朋友没办法踏出建立个人品牌的第一步，就是因为担心这些批评。

事实上，批评和建议一直都有，在网络上我们看过很多的笔战，互相批来批去，不过在这里我要强调和重视的批评与建议，是那些真的对你有意义的，而不是那些言不及义，或是完全跟你文章主题无关的批评。

如果是跟你写作的主题完全没有关系的批评，真的不用太费心思理会。例如说，你今天写一篇关于无人车科技的主题，结果下面有人留言骂东骂西、扯其他议题，那就跟你没有什么关系。你不用觉得烦恼，也不一定要响应这些批评。

你可以这样来判断批评与建议是不是你可以利用的回馈：这则回应，到底跟你的主题是不是有关系？如果有，你就可以判断这是一个有效的批评或是建议。

“当你收到这些有效的批评和建议，无论你认同，还是不认同，其实这都是造势的好机会。”

在你认同的情况，这则批评就在于让你知道文章还可以怎么样写得更好？还有哪些地方写得不够精确？例如，读者提醒你某个数据过时了要更正，提醒你某个论点可以补充什么论述或数据，你都应该好好利用这些读者反馈给你的待改善之处。

这些正向的批评建议，不只是可以帮助你改善文章，你还应该利用这个时刻来造势。

这个时候该怎么做呢？我们可以“公开赞赏”这些批评。所谓公开赞赏，就是公开分享这些对我们有意义的批评和建议，我们必须要把这些提出批评和建议的读者拉到舞台上，让大家看到他们，让他们跟我们一起表演。把给我们批评和建议的人拉到舞台上，就像你在舞台上表演时，看到台下有一位跳得正高兴，叫得最大声，荧光棒挥舞得最热烈的观众，把他拉上舞台。

为什么？因为他最爱你。

愿意给你的知识文章批评和建议的，也是最爱你的读者，当大多数读者都还沉默时，这些人已经把文章认真看完，而且还愿意花时间留反馈给你，那么这时候一定要给予正面的奖励，我们除了要把他拉到台上，我们还要让所有关注你跟你的文章的朋友、社群，都知道你是鼓励与支持这样的行为的。

同时我们还可以邀请这些读者，请他们把自己的批评和建议写成更完整的论述，或是让我们附在原本的文章下。如果我因读者反馈而修改了原本的文章，我可以标注说明这是因为“在什么时候”“哪一位网友”“在哪里”给我的反馈意见，所以我做了如此的修改！事实上，这样的行动对于你的读者群来说，是一个非常好的正面鼓励。

还有一个方式，就是我们可以整理一段时间收集到的批评与建议，然后发布成文章，告诉大家这是你这段时间收到的批评跟建议，然后说明你如何去响应这些批评与建议，这可以让你的读者感到，你是一个愿意接受意见、态度开放、行事透明的专业人士，是一个非常好的造势方式。

“就像当观众跃上舞台参与表演时一样，邀请批评你的读者一起来创造内容，会让你的社群也一起兴奋起来。”

这是第一种情况，我们要来利用这样的正面批评与建议。

用“问题”造势

第二种可以用来造势的反馈，就是问题。

刚才讨论的第一个情况是批评或建议，第二个情况是“问问题的读者”，他们可能是看完你写的文章后产生疑惑，觉得好像有些还不太清楚的地方，或者他看完文章后想要追问一些问题，那这时候怎么办呢？你要不要回应他呢？

其实，这看似是个很单纯的问题，但值得我们来细细思量，考虑清楚要如何去响应这些提问。

因为你是一位专业领域的工作者，不是负责搞社群的小编，你的主要工作占据你大部分时间，应该不会有很多的空当来响应网友的问题。尤其当你的写作越来越成功，读者增加了很多，网友的问题也随之增加的时候，更会问自己到底是不是要准备这么多时间，一个一个去响应读者问题呢？说不定你还可能会觉得，你的专业也是有价值的，难道就让网友一直来问问题，然后就一直免费地回答吗？

我们写专业知识文章，那是为了打造个人品牌，是我们自愿去写，但是如果别人一直来问我们问题，我们就被迫一直回，而如果不回，又担心让这些问问题的人失望，跟社群关系处得不好，那不就是很浪费时间与精力的一件事情吗？这说不定也是很多专业工作者对经营个人品牌却步的原因。

这时候，如果是你，可以怎么处理问题回应呢？有些人会选择一一响应所有问题，有些人选择就是不回答问题。

“但或许我们可以换个角度想，你不只是

在回答问题，因为这些问题也都是非常好用的造势素材。”

怎么说呢？通常这些读者传来的问题，有可能也是许许多多其他读者的问题，只是其他读者还没这么爱你、信任你，所以还没开口问出他们心中的问题而已。这时候不如把这个问题公开，把回答变成一篇新的文章，或是补充到原本的文章中，让大家都能看到，解答大家没问出口的疑惑。其他没问出这个问题的读者还会觉得，你真是了解他们。

所以，我们可以把收到的问题这样处理：假设他是私讯问你，假设他是写 E-mail 问你，你可以把这些问题在去除个人隐私数据后整理好，放在你的文章里面，然后告诉大家你的文章有更新，因为有很多人来问你问题，所以你把这问题的更新都放在文章当中，也鼓励大家去回头重新看之前的文章。

“这是个非常好的造势策略，让那些没敢开口问出同样问题的读者也一起嗨起来，又同时让你的文章的生命力是永续的。”

新媒体和旧媒体最大的差异是什么呢？其实当然不是有

没有上网，也不是影音或是多媒体，这些技术都跟新旧无关，最重要也最不同的是“互动性”，以及在互动下内容生命的延续性、传播力。

所谓的旧媒体，就是把东西印出来或是发表出去之后，这则信息的生命就到达极限了，一切结束了，创作内容的人要去寻找新的题材、创作别的内容了。但是新媒体的特别之处，就是在于内容发表出去之后，它的生命才刚刚开始，我们要使劲让内容的生命可以持续、延长。

“如果你的一篇文章可以持续保有生命力，这样你不就是能花更少的时间，不必忙着写新文章，却维持了知识品牌的活络热度吗？”

所以当读者提出问题的时候，就是在协助我们延续既有内容的生命！但他如果是拿自己的私密情况来问你，例如，律师可以能会收到一些家庭纠纷问题，医生可能会收到关于个人疾病的问题，心理医生可能会收到身心状况的问题，这时你虽然仅能给他一些信息，或建议他找专家处理。但你也可以适度把这些问题公开出来，当然发表前要除去隐私的资料。把这些问题做妥善的分类与回答，或是像建立 FAQ，告诉大家你遇到这些问题会如何来响应。

甚至你也可以在还没有时间回答问题的时候，先整理好，然后直接问你的社群。例如，你可以将常见问题发到粉丝页上面说："最近常常有人问我这样的问题，大家觉得如何呢？大家的意见是什么？"事实上，你的社群很有可能就有人跳出来直接帮你回答。

这时候，你可以再把你觉得社群回答得不错的答案，在征求对方的同意之后，把它放到你的网站上面去，再给他奖励，告诉他，你感谢他帮你回答了另外这位读者的问题。这样一来，你有新内容，又能回答问题，不就两全其美了吗？

如果你觉得，读者提的问题有点大，可以延伸出去变成一篇新的文章，那不是更好吗？你就不用花时间再去想新的文章，也不用因为有新的问题，要赶快响应而有压力，不要觉得问题不回会不会怎样，而是要建立一个处理的模式，并让读者知道你的做法。要记住，这些提问题的人都是我们的友军，都是我们最好的伙伴，我们要好好地利用这些问题。

这就是让你的社群保持活力，同时又可以让你的内容源源不断产生的方式，所以"问题"是值得好好利用的。

这也就是前面所说的，把你的读者拉上舞台，打破读者跟你的隔阂，会让你的读者跟你一起摇摆！

用“共同策展”造势

接下来，第三种可以用来造势的情况，就是所谓的共同策展。

共同策展是什么意思？其实在网络上，大家都是很平等的，我们可以邀请网友们一起来做一些事情，不要觉得只有你可以写内容而已。举例来说，在泛科学的网站上，我们就邀请我们的网友来告诉我们，他们觉得台湾还有哪些值得造访的科学网站，我们便把这些网站整理起来，放到我们网站上的科学资源列表，一方面提供大家更多的视野，另一方面也跟其他科学网站建立良好关系。

你可能会纳闷，为什么泛科学要做这件事情呢？这样不是把流量送给竞争对手吗？因为我们的出发点，就是希望更多人能够更快速、更简单地找到好的科学内容，泛科学没办法自己做所有的事情，所以我们当然要利用我们的传播能力，介绍我们的读者去发现更多好的科学内容。

另外我们还有一个网页叫作“科事历”，上面告诉大家，台湾哪些地方将举办有趣的科学活动，就像是全台湾科学相关活动的行事历，因为很多人觉得台湾各地好像很多科学活动，可是不知道在什么时候发生？在什么地点举办？信息太散乱让人容易错过，所以我们就做了这样一个网页，即将举办科学活动的单位，不管是学校、博物馆或是个人，都可以把信息登录上来，这也是一种共同策展。

“这样一来，我们一方面邀请读者来共同策展，最后甚至可以跟更多相关网站与知识品牌一起共同策展。”

我们还开发了一个汇集讨论的功能，在突发事件或是社会争议事件发生的时候，我们的编辑和网友可以一起把网络上各家媒体评论或重要的个人意见收集在一起，然后让大家自行评比哪一个意见比较有见地，是否够科学。我们时常通过这样的方式，跟我们的读者一起整理一个议题。

例如，之前发生的台大论文造假事件中，我们就建立了这样一个页面，把各个相关人士所发表的言论整理在网页上，让大家可以看懂来龙去脉。有点像懒人包，但这些内容其实是由网友自行提供的！网友可以通过页面上的输入框，告诉我们，为什么他觉得这样一篇文章、这样一则讨论值得我们关注，值得纳进这一事件的所属页面上面。

最后在读者的协助之下，我们完成了这样的事件整理，这就是所谓的共同策展。

你可以看到，共同策展就是更直接地把读者拉上舞台，邀请他们一起来表演，创造一起完成某件事的氛围。

用“邀请创作”造势

最后，第四种可以利用来造势的情况，就是邀请创作。

共同策展跟邀请创作，其实是比较接近的。他们都是属于主动出击，主动邀请我们的社群与读者，来跟我们一起做事情、一起创造内容的方式。

不过，邀请创作跟共同策展还是有些差别的，邀请创作是我们希望读者真正跟我一起来写东西，因为我们的知识内容主要就是通过书写。这时候我们要设计一些特殊格式，让社群可以跨过较低的门槛来跟我们一起写作。

例如，我们前面提到的“提出问题”，同样地，你不一定要等读者来问你，你也可以自己主动抛出问题，例如，你可以主动询问读者：

“如果遇到这种情况的话，那你会怎么办？”“我觉得我想要这样做，大家觉得意见如何？”

我们可以主动抛出问题，不管是非题、选择题、填空题，大家都可以试试看。邀请创作，不一定就是要请读者跟你一起写一篇完整的文章，而是要去刺激读者产生更多的反馈，短的反馈也可以。像是非、选择、填空等这样的题型比较简单，大家响应起来也比较没负担，但创造出来的回应数量也会比较多。

我们可以从最简单的问题开始，例如，你可以问一下大家，你的粉丝页的封面图应该选哪张，你有两个选择，这一张或是那一张，大家觉得哪一张比较好呢？通过这样的方式，去创造你跟社群的互动，是一个很好的开始。正常来说，你会收集到很多 UGC 的内容，也就是使用者反馈给你的内容，这些内容都可以有再利用的机会。

当然，不是每一位读者都会提供反馈。事实上，就算我们用上先前介绍过的各种方法，反馈的使用者还是少数，但可能是从 1/1000 提升到 50/1000，这就是很大的进展了。更重要的是，原本的旁观者也会感受到讨论的热度，而渐渐转变态度，这就是我们要的。

以上，就是四种再利用社群与读者反馈的方式，并用这些反馈来造势，提供给大家参考。

5-3

专业工作者造势时切记两个关键词

专业工作者可以用专业方式创造的营销活动。

接下来要跟大家介绍当你开始利用使用者反馈时，要记住两个关键词。第一个关键词就是“公共财”，第二个则是“犯错”。

打造“公共财”

公共财的概念，简单来说就是打造出来之后，大家都可以利用的。举例来说，公园就是一种公共财，马路也是一种公共财，或许有人或组织拥有某些马路，但是大家都可以用马路。通常会需要像是政府或慈善公益组织这样的单位，才会比较愿意去创造公共财。

那公共财在我们写作与打造个人品牌的过程中扮演什么样的角色呢？其实，公共财就是大家都需要，可是平常是没有人愿意主动去做的事情、去整理提供的资料。

“所以，因为没有人做，我们就可以通过提供公共财的方式来营销造势。”

当你有专业知识想要分享，如果你只是一味地分享自己的专业知识的话，会显得太过单调，你必须要让自己有部分内容变得具有公共财的属性。

这跟前面提到的使用者反馈有关系，通过我们前面讲到的邀请创作、共同策展等方式，你可以把内容变成更具有公共财的属性。

举例来说，像是邀请使用者一起建立常见问题数据库，或请你的读者一起盘点既有的网络资源，不管你是哪个专业领域，你都可以想想：如果有些数据被好好地整理出来，会不会对大家都比较方便？

这件事情若实现，不是只对你有帮助，也不是只对你的读者有帮助，而是对大家都有意义，甚至是对你的竞争对手都有意义。试着去找出这些事情，打造这样的公共财。

“你愈愿意去提供这样的公共财，在你的读者社群心目当中，你就是一个更值得被信任的角色，从而帮助你的知识品牌有效地造势。”

第一个关键词，就是公共财。去找到那些对所有人都有帮助的，即使那些是对对手有帮助的，都没关系，你可以邀请读者一起来建立，整理出这样的公共财，并且把它们分享出来。

那要怎么找到适合的切入点呢？尽量朝“串连整理”“协助聚集”的方向去想，大家缺的不是你去牺牲自己、奉献给大家，而是要有人带头把事情启动、让每个人都能参与，最后把任务完成。

“犯错”是件好事

第二个关键词就是犯错。

犯错？为什么要犯错呢？对做专业知识传播的我们来说，最要不得的不就是犯错吗？当然，这样讲也没错，我们尽量不要犯错，但是我们也必须承认，我们一定都会犯错。

那么犯错的时候，我们该怎么办？千万要有一个正确的心态，就是犯错是件好事。

犯错是件好事？犯错怎么会是好事呢？其实应该说，我们在知道要避免犯错，而且愿意用各种方式来避免犯错的情况之下，我们也要心知肚明，我们总会犯错，这时候的犯错，其实可以变成一件用来造势的好事。

“当我们已经够认真避免，但还是免不了犯错的时候，就代表我们获得一个机会来跟我们的社群进行一场深入沟通。”

社群可能会发现你的错误、你的竞争对手可能会发现你的错误、一些陌生乡民、酸民或路人可能会发现你的错误，当他们发现你犯错时，他们可能会告诉你、会批评你、会调侃你，但总归来说，他们总会更有动力用各种方式让你知道他们的存在。

也就是说，这个错误，现在变成一个让大家把目光投注到你身上的机会。

为什么犯错是个好机会呢？因为这就是一个让大家看你、让大家跟你产生互动的时机，很多时候我们在经营社群，或者说想要把我们的内容传得更远的时候，最在乎的就是“没有人跟我互动”。尤其很多专业的知识，因为实在太高深，有时候读者会觉得互动真的很难，或是当你的形象实在太高冷，感觉不容易对话。但是当你犯错时，这些隔阂会被打破，其实就是创造大量互动的最好机会！

千万记得，不是故意去犯错，刻意搞负面事件营销，而是在认真制作内容的情况之下，我们还是会犯错，但我们要接受犯错这件事情，并且把我们的犯错视为一个好机会。犯错之后，尽快坦承自己的错误，尽快修改。让大家知道，你在未来写作以及跟读者互动过程当中，会如何去避免这些错误，对这时看着你的许许多多人展现你的态度、提供你的解决方法。

犯错时，大家都看着你，正是你用来证明自己够专业、可被信任、可沟通的良好时机。这是建立品牌形象的最好时刻。

你要利用犯错的机会，让大家知道你是一个能够从错误中学习，能够自我改善的“成长”品牌。这件事情是非常非常重要的，唯有如此，犯错才可以是一次造势的机会。

两个关键词，一个是公共财、一个是犯错，请大家牢牢记住了。

第·六·章

建立个人知识品牌的方法

6-1

打造知识品牌的三个阶段

经营个人知识品牌并不难，只要搞懂三个不同时期的三个关键策略。

我们要打造一个全新知识品牌，除了要有好的知识内容，懂得传播单篇的知识文章之外，也要从战略上对“整个品牌”有所布局、有所策略。如何让品牌被更多人看到？如何让品牌建立影响力？如何持续经营一个品牌？这都是有步骤、有顺序的。

如果我们把建立个人知识品牌当作创业，那么这个经营的过程可以分成三个，分别是前期、中期、后期三个阶段，下面就让我来一一为大家解析每个阶段不同的关键策略。

第一阶段：在热门平台做最小可行性测试

可能有些创业圈的朋友会知道，在刚刚开始创业的时候，最好在规模还小时，也就是在创业的初期阶段，先来验证自己的点子到底可不可行？到底能不能受到市场欢迎？目标顾客群对核心产品的反应到底如何？

在创业或建立品牌初期的过程当中，切记不要一下子把事情搞得太复杂，不要一下子就想推出一个完美、巨大的产品，仿佛刚学会焊接就想造一台钢弹。

创业不是一直埋头准备、把整个产品都做好了、连同销售人员跟客服团队都找齐了才推出市场，因为这样的风险太大。比较好的方法，是要在初期就赶快验证可行性、赶快修正，也就是许多创业导师所说的，要赶快推出你的“最小可行性产品”（Minimum Viable Product）。

而建立知识品牌，其实跟创业很像。创业的最小可行性产品，可能是具备关键功能的某个测试版产品。

“知识品牌的最小可行性产品很简单，就是你的知识文章，你要将测试你的知识文章到底可不可行列为第一优先事项，再来谈其他品牌建立的细节。”

大家可能听过“精实创业”这个概念，简单来说，即是要在精简的情况之下来做创业规划，一步一步测试，一步一步修正，快速获得反馈再前进。我们在打造个人知识品牌时也一样像是在创业路上，也要用精实创业的方法，在打造个人品牌的初期，先想办法验证自己的知识内容、自己想创造的写作风格，到底是不是为大家所接受的。

所以在建立知识品牌的第一个阶段，我会建议你，不要一开始就先想着把品牌网站搞好，而是要先测试你的知识文章到底对目标读者来说够不够好。这时候可以做的就是：

“先在既有的热门平台或网站上去验证你的文章，而不是想着花很多时间跟精神创造出一个热门平台或网站。”

虽然到最后，你的个人知识品牌确实需要一个属于你自己的平台或网站，但一开始，你需要优先做的则是先看看文章（你的产品）行不行得通。而最好的测试，就是让文章出现在现有的热门平台上，看看目标读者的反应如何。

这就有点像是，今天你有一个产品，想要把它卖出去，你绝对不会自己立刻盖一家百货公司吧？你该做的是先把产品拿去热门的市集卖卖看，才知道自己的东西大家喜不喜欢。

如果你今天为了要卖自己的产品，费力盖了一家百货公司，才发现产品本身有问题，百货公司就白盖了，那不是很浪费时间和资源吗？通常我们会在试图盖出一家百货公司的路上就挂掉。

如果你用这种方法测试，最后你会搞不清楚到底是百货公司不够热门，还是产品不够好？有太多的变因让你没办法确定自己做的事情到底对不对。

“建立知识品牌的第一步，让自己只有一件事情要确认，就是你的知识文章到底好不好。”

很多人在打造个人品牌的时候，都会想着说，要先找人建个网站、要先请设计师来设计一下亮眼的 LOGO、吸睛的版面，要请开发者来建立留言、论坛等各种“基本”功能。其实，一开始都不需要想那么多，先把知识内容写出来，然后找既有的热门平台来推广，先测试你的知识内容要怎么修正，才是最重要的。

那既有的热门平台有什么选择呢？这就回到你的目标读者如何设定的问题，得看你的专业知识领域是什么，你想要触及到什么样的人？（年龄、性别、兴趣、地点、收入……）

在这个垂直媒体多元并立，新媒体百花齐放的时刻，其实你能找到许多专注于各种不同主题、不同人群的垂直媒体，并锁定那些跟你想要发表的上下文属性很相合的几个，主动投稿给他们，先在他们的平台上发表你的文章。

"优先去找跟你目标读者最相合的垂直媒体，在上面测试你文章的可行性。"

特别是现在很多垂直媒体其实也很欠缺内容，如果你愿意提供给他们质量兼具的稿件，我相信他们大多时候是很愿意发表的。例如，如果你现在想要发表与科学专业知识有关的内容，泛科学就很欢迎你投稿。你要做的就是找到一个既有的热门平台，他们就像一家人潮涌动的百货公司、人声鼎沸的热门市集，已经有很多人造访跟关注，你只要到那里卖卖看你的产品，就可以做最快的测试，得到有意义的结果。

当你把你的产品上架、也就是将你的知识文章投稿到那个网站去，获得发布之后，你不用担心读者的问题，因为垂直媒体上已经聚集了你需要的读者。如果这样做还是没人看你的文章，比较大的可能就是你的知识文章还不具备爆红、好看、容易理解的特质，这时候可以回头参考本书前半部分的知识写作教学。

这样的测试让你明白知识产品的问题所在，你不会模糊于是因为自己的文章不好看？还是发布的网站不够热门？你不必无谓困扰或担心，因为你选择的垂直媒体平台已经够热门了，你利用了它们来验证一件关键的事情，就是你的文章到底写得好不好。

所以打造知识品牌的第一阶段，就是通过跟热门平台、垂直媒体合作，在上面先用你的品牌名义来发表知识文章，借此验证你的知识文章到底具不具备爆红元素。

当然也不只是这些新型垂直分众媒体，你还可以投稿给大众媒体，或是分享至热门的脸书社团与讨论版。但是要记住，这个内容的渠道、发布的管道，一定得跟你的品牌、跟你的知识领域有所契合，要真的针对你的目标读者去投稿，绝对不要乱投稿，绝对不要乱发表，要不然你获得的响应，可能是比较糟糕又没有参考价值，这是请大家要注意的。

第二阶段：建立自己的渠道

经过初期跟热门平台合作的阶段后，假设你的知识写作已经经过目标读者的反馈而修正，确定自己目前的内容的确写得不错，自己在创作方式上的确掌握到窍门，那么这时候就可以进入到个人知识品牌经营的中期。

在个人知识品牌经营的中期最关键的任务，就是要建立自己的渠道。

“什么是自己的渠道呢？也就是自己的网站、知识品牌的微信、微博、抖音，让你新发表的知识内容，可以通过自己的渠道传播出去，也可以让读者进入你专属的渠道。”

对于有志打造知识品牌的人来说，建立自己的渠道在现在的网络环境中非常简单，甚至一个人也都可以做得到。

而且从建立网站到建立微博等过程，无论是架设一个网站或建立一个博客，也都非常简单。很多人选择用一些免费的服务，像是微信、微博、抖音，或是可以建立网站博客的Medium、Blogger等，各式各样的内容发布平台，都有很多人在用。

那接下来的重点就是，我应该选择哪种渠道好呢?

“如果你是以知识文章写作为主的话，我还是建议要先设立一个自己的博客，利用像是Medium、Blogger这样的免费服务即可。”

可以不用太担心你不懂怎么架设网站，也不用担心你不会网页设计，不一定要太在乎这个博客的长相美丑，因为现在这些免费的服务，都内建很多既定的版型，可以很方便地让你去设计，或者让你直接套用，就算要调整也都变得非常简单，并不需要什么专业的程序设计或是美术设计的技能，你就可以在最短时间完成架设一个博客，是非常容易上手的东西。

所以当你测试过几次，知道自己写的知识文章真的有人想看时，就赶快开始建立自己的渠道吧！

只不过，到了中期建立自有渠道时要注意一件事情。

“建立自有渠道后，就代表你需要持续让大家注意你，这时候就需要很规律地发表内容。”

当你能够规律地在自己的博客、微博等渠道上发表内容，那么被吸引来的读者，也会跟着你的规律常常回来看，养成习惯，才能真正留住你的读者，建立起影响力。

只是，这时候你可能会有点分身乏术，除非你全心全意投入打造个人品牌，要不然大多数的专业人士恐怕会觉得：我好像没有那么多时间来做到这种程度？我真的有办法持续生产知识内容吗？

这时候，你可能需要一些帮手。有可能在这个阶段，会需要请一些兼职的人员、工读生或是全职的人员来协助你，又或者你可能找有类似服务的公司来协助你。例如，泛科学就可以协助许多的科学专业人士来打造个人品牌。

所以说在进入中期之后，就要思考自己能够投入的个人资源、个人时间是否足够，但关键就是要开始经营自己的渠道，持续生产内容。

和伙伴一起合作

接下来就是进入到经营个人知识品牌的后期，这也是非常重要的一个阶段。在这个阶段已经经过前期的验证、中期的渠道建立，你开始真正建立起个人的影响力了。这时候就要开始思考你要如何把你的品牌变得更大？更为人所知？在后期这个阶段，一个关键的策略就是，你要想一下：

"我能不能跟其他同样位置、相似主题的品牌、组织，来创造共同的合作。"

要注意喔！这时候你要找的就不是初期那样的发表平台

或传播渠道，也不是找人入伙你的个人品牌，而是要去找到“跟你在同样的位置上”，可以跟你一起来做一些有趣事情的单位。例如，泛科学就可以跟其他平台一起来合作，你也可以找其他跟你主题相关的单位一起来合作。

“这种互相合作的形式，可以有效地帮助品牌触及另外一个品牌的社群。”

这是互利的，你的品牌可以触及对方品牌的社群，而对方品牌也可以通过你来触及不同的社群，我们都触及到我们原本触及不到的社群，让两个社群的读者互相交流，同时建立两个网站的共同信任感，让彼此的目标读者同时都认知这两个品牌的存在感。

不过当然不只是互利，我们也要去思考两个品牌怎么合作，可以将价值最大化？

这时候要想一下，我可以找我的合作伙伴做一些什么样的事情呢？比较简单的方式有可能是一起写稿，例如，我经营的另一个娱乐产业知识网站“娱乐重击”会合“端传媒”一起合作写稿，我们写上篇、他们写下篇，发表在各自网站，这就是一种很简单的合作形式。

又或者，我们互相推荐彼此的文章，比如说 NPOst 公益交流站推鸣人堂的文章，报导者推公益交流站的文章，互相串联，双方认可彼此的内容，就可以做这样的合作。

还可以做更深度的合作，例如，合办实体活动、合办讲座、合办课程。可以做各种线上或线下活动，结合两边的社群力量，把不同社群的力量加在一起，会让声势变得更大。

这是到后期我们要努力去做的一个方式，所以大家可以思考一下，你应该要找哪些合作伙伴谈合作？你提出什么样的合作模式跟你的合作伙伴来做更容易产生双赢的效果？可以找多个合作伙伴一起把事情搞大，这都是有可能的，而且其他品牌也想这么做。

所以，了解自己目前经营知识品牌是在初期、中期还是后期，然后可以做哪些事情，这就是我们在建立个人品牌上所需要了解的三个阶段和步骤，提供给大做参考。

泛科学作者问答

对经营专业知识社群的几项建议？

赖以威 / 台师大电机系助理教授、数感实验室共同创办人

很多人听到数学就皱眉，但其实数学可以让生活更有醍醐味！数感实验室的目标是让每个人都能看见生活中的数学，面向的群众不只有成人、学生，以及教师，还想让不同的族群都可以一起跟着数感实验室成长。究竟这样的品牌要怎么经营呢？数感实验室的共同创办人赖以威提供了以下几点建议：

1. 通过持续的经营，逐步了解社群组成，并调整策略。例如，数感实验室的目标读者设定一开始是面向社会大众，但后来发现学生和老师占了不小比例，因此经营方向也区分为主要族群和次要族群，分别设计内容。

2. 可以主动帮社群多做一些事，主动去想你的读者会喜欢什么样的内容，读者也会有所回馈，像是数感实验室曾经举办过的“给父母的红包该包多少？”的特别企划，年年都引起读者们的热烈回响。

3. 在社群经营上，不只有数感实验室脸书专页，也延伸经营了有比较多教师聚集的数学写作社团，讨论更聚焦在教育上面。因为这样的积累，后续也举办了面向学生的数学写作竞赛。

6-2

品牌个性与风格路线的三种选择

建立品牌的记忆点，让大家只要想到某个领域就优先想到你。

在接下来这个部分，要跟大家介绍一下，如何选择自己的品牌形象。什么是品牌形象呢？说到个人品牌形象，大家可能会想到最近在网络上的品牌形象通常都是非常鲜明的很多网红、很多视频达人，其实很久以前这种名人就一直有，不过现在出现了很多网络新名人，这些网络圈的新名人到底是怎么出现的呢？一个关键就是很多粉丝喜欢看这些新名人展现某种真实的自我、有趣的个性。

除了知识，你的个性与自我也有吸引力

其实这跟传播媒体环境的改变有非常紧密的关系。过去大家可能没办法想象，假设像是邓丽君或是一些超级大咖，会拿着相机自拍，然后把相片上传到社交平台，让网友们来品头论足，这在以前，大概是不太可能发生的事情。

“但是到现在大家会发现，每一个明星，不管是主流的明星，还是网络圈的明星，基本上都很习惯通过社群媒体来宣传，并且用各种方式来让大家看到所谓的‘真实的自己’。”

当然，这种真实很多时候也是一种表演，通过选择性暴露自己的某种样貌，让观众看到我们想要让观众、让社群的追随者看到的那一面。

打造个人品牌也有点类似这样。在私领域（也就是平常我们自己过的生活）和公领域（也就是我们想要打造的品牌形象）这两者之间现在出现了一种叠合，公领域跟私领域基本上就叠在一起了。

“在社群上，大家也喜欢、也需要你展现出私领域的某些部分，而这会创造吸引力、会强化信任感。”

所以要建立个人知识品牌，绝对不只是让大家看到你是一个单纯的专业人士这样就够了，绝对不只是说自己是哪个医院的院长，或者说自己是哪个单位的经理，绝对不只是这种专业的头衔，甚至这些专业的头衔不一定会为你带来粉丝。

相对地，个人知识品牌更要包括我这个人的性格，我这个人在平常私生活中是什么样的人？我的个性如何？这些东西都跟我们打造个人品牌非常密切。

你必须要适度去揭露自己的情感，揭露自己在私生活当中的样貌，这样才可以让更多人去信任你。如果我们只是死板板地把我们在工作上的场景以及头衔拿出来跟大家沟通的话，其实大家是没有什么兴趣的。

不过不用担心，即使你是一个内向的人，也有不同的揭露自己个性、建立自己风格的方法，下面我就要跟大家分享，如何建立品牌个性、风格路线？到底有哪些路线风格可以选择呢？我用三个 D 来代表这三种路线。

第一种个性风格：Different

第一个 D 就是 Different，也就是“不同”。跟人家完全不一样的，也就是反骨型的风格。

什么是不同？像是有很多的网红或者很多的名人，他之所以红，就是因为他都是做跟别人不一样的事情。他的性格、他的风格、他说出来的话，以及做的事，对议题的意见，都跟别人有点不一样，甚至完全不一样。

举例来说，像是柯文哲，他在当选市长前，其实也是一个网红。大家都会把他的语录发到网络上，然后就会讨论这个“怪人”。那为什么大家会想要讨论他呢？因为他讲的话非常生猛、与众不同，即使到了现在当了市长，他讲话一样很生猛。由于太常“失言”，在接受媒体访问时他曾说：“没有啦，失言跟讲实话有时候很难划分。”每次他讲错话都获得非常多的关注，正因为那些常常是大众不敢讲、不明讲的话。

那为什么会有一个政治人物，一直讲错话，好像不经大脑思考，可是他明明又是一个 IQ 那么高的医生，那么聪明的一个人？于是大家就很好奇，甚至也就有许多人喜欢他这样与众不同的个性。

所以，我认为这其实是一种选择，去选择一种特别另类、不同的类型，让大家觉得这个人不一样，这个人跟其他政治人物不一样。

所以，经营个人知识品牌的个性，也可以从 Different 入手，去打造出跟别人不同的感觉。

这时候就要先想一下，你这个专业领域里面的其他人，大概都是怎么样展现自己？其他人都是什么风格？都是正气凛然、一副非常专业知性的样子吗？然后，如果你选择 Different 的个性路线，你就要去做完全不一样的样子。

如果这个领域的人都是正气凛然，那么你可能就要当一个 Rocker，当一个叛逆者。如果这个领域的人都是黑黑暗暗的，你就要把自己弄得很明亮、很干净。

“创造你与其他人不一样的反差，让你的目标读者眼前一亮。”

所以说在建立第一种与众不同的形象时，要先找出一个差异点，让自己像在万绿丛中一点红那样凸显出来，这是第一个 D，Different。

第二种个性风格：Dazzling

第二个 D，Dazzling，也就是“亮眼”。所谓的亮眼和刚刚的“不同”有差异，亮眼强调的是个人的表达或表演能力。

像是柯文哲，其实并不是一个表演能力特别好的人，所以他走了一个 Different 的路线。而像是很多的网红，像是“这群人”“蔡阿嘎”等，他们的口语表达能力很好，他们的肢体表演能力也非常好，所以他们就可以通过这样的表演方式让大家喜欢。

他们有的人会唱歌、有的人会作图、有的人会设计，他们非常善于在大众面前表达自己，他们说话十分有魅力，他们能够用最吸睛的方式让自己成为焦点。

但是，这个路线是比较靠天吃饭的，如果你先天上没有这个条件，没有天生的表演能力，通常就比较难做到。

当然后天的锻炼还是有可能达到的，不过这对大部分的专业人士来说，可能是比较有挑战性的。

但相对地，如果你真的是一个外貌、体形、表演能力、表达能力都不错的人，其实可以考虑这个路线，好好地把自己的优势展现出来。

第三种个性风格：Deep

再来介绍第三个 D，Deep，这第三个 D，其实也是三个 D 里面，最多专业人士选择的路线。

为什么呢? 因为第一个 Different，有时候好像要伪装自己，伪装一个跟自己完全不同的形象，好像有点难度。第二个 Dazzling，好像又要能歌善舞、能说善辩，对很多人来说也很有挑战性。但是第三个 D，Deep，就是深，要呈现出一个很有深度的专业知识的角色，这对专业人士来说，相对容易做到。

所谓的深入、深度是什么意思呢？简单来说，今天假设你是一位皮肤科医师，你想要打造个人专业品牌，让更多人认识你，那你就不能说你只是一位皮肤科医师，因为皮肤科医师还真的蛮多的，这时候你应该可以设定自己是一位“对于青春痘最了解”的皮肤科医师，并且你的知识写作都一直专注于写青春痘相关的议题，其他的议题你就是不写或少写。

那这样我不是就很局限讨论的范围吗？这是故意的！我们要故意去局限自己的讨论范围，这就是为了要打造自己的个人形象。

“我们必须在消费者的心目中，产生一个定锚的效果，让大家想到这件事情就想到你，例如，想到青春痘就想到你，不会想到别的皮肤科医师。”

进一步举例，例如说，你今天是一个心理医生，你也想要打造自己的个人品牌，你当然原本可以做各个领域的咨询与探讨，但是要自己设定好一个切得很细的路线，或许是设定自己只讨论年长者相关的心理状态，这时候就可以让你的品牌变得非常明确，让大家知道你就是年长者的心理权威。

“不要担心如果自己切得很细，以后要怎么扩展？你要担心的是，如果一开始就放得太开，你可能完全没有办法让大家注意到你！”

所以一开始要把自己的路线设得很窄，你虽然知道得很多，但是你就是限制自己，只谈这个路线，而且要愈挖愈深，把这个路线挖到无人能及的深度，让读者知道，这个主题只有找你谈才是最专业的。这时候，你在这个路线上就掌握到了品牌的独特性。

要注意到，不要一开始把战场扩得很广，虽然说你可能知道得很多，你觉得什么都可以谈，还是要让自己的知识品牌更专注。

当然，不管是 Different、Dazzling、Deep，不是说这三个路线只能选一种路线，这三个路线也可以综合利用，就看你有没有综合的能力。

但是无论如何，起码要掌握一种风格路线，创造出你的个性，让你成为这个领域的专家、大师，成为其中一个领域的达人级人物，建立大家对你的记忆点。

泛科学作者问答

如何展现与众不同的品牌风格？

火星军情局

觉得大众对科学的印象就是无聊难懂？那火星人跟你聊科学会不会更有趣一点？咦咦咦！？你是否也突然惊觉，换个虚拟角色竟然会让人觉得更有亲和力，但这样一来又要怎么不失专业呢？以下极机密情报仅公开给阅读本书的蓝星人，离开这个场域，火星军情局一概不会承认泄漏过以下情报（大概吧？）。

1. 像这样“搞不清楚地球是怎么回事的火星人”的网络人格是很有趣的，利用这样的人格也很宅很有趣，但要怎样让人也愿意相信这个虚拟人格的专业呢？其实就是建立品牌个性，将火星军情局的角色塑造成对信息执着、会查证，内容有相当的正确性，并对此坚持的人格。

2. 当在写真正的专业文章时，还是要注意深度以及内容主轴。闲聊可建立社群感情，但信任来自有料的书写。

3. 因为没有真人人格对应，在跟网友讨论议题时，可能会有部分人不能接受这样的方式，或是因此有不太正经的响应。这是以这种方式经营内容时需要注意的地方。

6-3

个人知识品牌的三种最有影响力的角色

在知识经营上，有三种专业角色最能引发读者的认同与追随

接下来这个部分，要跟大家介绍一下三种特别适合专业工作者挑选的知识品牌“角色”。

一般的品牌都有一些类型，而个人知识品牌的关键就在你这位专业工作者身上，这时候除了你的个性风格外，你在专业上可以扮演什么“角色”呢？你可以选择哪些让粉丝会喜欢你的角色呢？

之前已经说到，我们该如何来通过写作把自己推广出去，接着我们就要想，如何让更多人注意到我们，如何掌握我们发表的节奏，我们应该要用什么样的角色面貌呈现给大家。

跟之前讲的三个 D 不太一样的是，我接下来跟大家讲的这三种类型，属于我们从知识的发表频率，以及我们对知识想象的出发点，来做出不一样的角色选择。

第一种角色：知识健身教练

第一个要跟大家介绍的，就是知识的健身教练。

什么是知识的健身教练呢？大家应该都知道健身教练这种角色，健身教练就是帮所有想要运动健身的人，让他能够持续运动，帮他建立起习惯，帮他改进方法，然后循序渐进地去把自己的体能练好，这就是健身教练的角色。

“健身教练必须要有方法、必须要有沟通的能力，才能有办法让想要运动的人能够持之以恒，并且有效地训练这些人。”

知识的健身教练其实也是类似的角色，很多人在学习知识、探索知识的过程中，很容易就累了，很容易就放弃了。所谓的知识健身教练，就是他们可以把很复杂、很难懂的训练，切成一小块一小块，然后有节奏地提供给需要的读者、使用者，带着读者一起做知识的训练。

所以首先，知识的健身教练要做的事情，就是：

“‘持续并且比较高频率’地提供给读者适合他‘在短期间内可以消化’的内容。”

就像是你的健身教练，每天陪你去慢跑半小时，他也不需要你跑两小时，他也不需要你快速激烈地跑步，他不需要你做这些难做的事情，因为他已经帮你把训练简化成你做得到的程度，并且带你持之以恒地做，就是陪你每天慢跑半小时。

知识的健身教练，就要用类似的方式，比如说你每天就给读者一篇到两篇值得看的文章，发表的频率也会比较频繁，可能是每天都要给，可能是每两天给一次。

发表频率必须要高，才有办法让读者养成习惯，要不然很容易就会中断。

特别要强调的是，我们给的知识厚度跟密度不要太高，要不然大家可能会受不了，所以内容要切割到像是 5~10 分钟之内能阅读完，这样大家才有办法跟着健身教练的角度，来持续锻炼我们的知识。

如果知识健身教练做得好，会有很庞大的追随者，每天都会有大量读者想要看你带他们做什么知识训练，影响力可以实时又快速地传播。

第二种角色：知识厨师

第二种角色就是知识厨师。

什么叫知识厨师呢？厨师就是一个善于料理各种素材，做成一桌好菜的人，而你如何将许多许多的知识变成一桌好菜呢？

我们现在是一个要利用知识的丰沛性，而不是利用知识的稀缺性的时代。知识已经很多了，到处都是知识，可是大家在选择知识的时候遇到了问题，所以说，我们必须能够整理各方的知识，把关于这个议题各个领域的知识，或是各家之言，整理成一桌好菜，让读者不用自己选、不用自己找，照着我的菜单吃就对了。

有点像是很多人在试着做的懒人包，把各方的意见都盘整进来，不过我们的重点是在做知识沟通，不是在做懒人包，知识学习也不太适合懒人。

“我要做的是把各个正确的、值得一看的信息整理起来，让读者不用自己选，不用自己搜寻解答，不用自己整理资料，照着我的知识菜单吃就好。”

所以说，知识厨师不是每一天都能发表，因为他需要花一段时间整理，他的发表频率可能比较慢，大概一周一篇，甚至两周一篇，再久一点可能一个月一篇。可是这篇文章，必须要达到像一桌好菜一样，让人吃过之后难以忘怀的程度，他必须要能够完整地整理，让人觉得看完这篇文章就对某个复杂主题豁然开朗，甚至会常常回头查询这篇文章。

例如，有些文章会说，看完这篇就可以搞懂中东与国际情势，看完这篇就搞懂区块链，看完这篇就搞懂基因编辑技术，这种写法，就是要让人觉得在这一桌菜当中，可以让我吃得很饱，吃得多元，吃得很营养，而且吃完就懂了。

这就是知识厨师的角色，但要写一篇让人觉得可以完全满足需求的内容，其实并不容易，这类文章通常不是临时可以创造出来的，所以说如果今天是时事性的内容，可能就比较赶不上。

可是像这样的比较大的、完整的内容，在网络上其实非常受欢迎，大家都觉得这个议题我好像应该知道一下，这个议题好像很重要，但是平常看零碎的内容觉得浪费时间，所以当有一篇文章可以好好满足大家，把这个议题、关于这个知识的完整内容都提供给读者的时候，这样的内容会受到欢迎，而且会被很多人分享！

“让你的整理文章，变成某个议题中可以一锤定音的存在，让读者看完这篇文章就能搞懂某个难题。”

知识厨师，要试着让自己的内容可以一锤定音。

这就是知识厨师的角色，发表的频率可能是比较低的，可是内容的厚度、密度是比较高的，但重点还是要料理好吃，不好吃是没有用的。

第三种角色：知识清净师

接下来第三种具有影响力的知识品牌角色，是知识清净师。

清净师是什么意思？大家有没有用过空气净化机，如果说你家里面的空气不太好，你可能会购买空气净化机。当你觉得知识很混浊，就像空气一样混浊的时候，你就需要知识清净师。

知识清净师扮演的角色，就是告诉读者，其实关于这个领域的知识有很多人都在胡说八道，有很多道听途说，有很多流言蜚语、伪科学，“好险有我在，让我来告诉你真实的情况是什么”。

这有点像是我们之前介绍的十种套路中的“翻案文”。但其实身为知识清净师，不只是一直发表这类型的文章，而是在整个品牌的切入角度上先站稳一个前提：在这个专业的知识领域里，各种信息已经太过杂乱，而且太过混浊，又有太多莫名其妙和错误的信息在流传，以至于不管领域内外的人都觉得很痛苦，你没有办法花那么高的时间成本、精神成本、认知成本去分辨出哪些是对的？哪些是错的？而且大部分的读者、非专业的人也分辨不出来。所以需要清净师来帮你过滤。

“知识清净师，就是要来对某一系列的知识议题拨乱反正。”

所以知识清净师是要跟大家说，那些很多错的、对的、混乱的信息，你没有办法挑选，所以你听我的就好了。甚至这些坊间商家的信息、这些只为了卖东西的信息，都是错的，所以我来告诉你，我会保证提供你正确的信息。

你说这样的保证有用吗？其实不少读者一开始就会买单，尤其是那些信息特别混乱的知识主题，这样的角色更是读者心中迫切想要的，当然这也要看你在选择知识清净师这样的角色之后，有没有办法能够持续地提供这样的好内容。

知识清净师的发表频率比较不固定，有可能是根据时事快速来做出反应，也可能是根据已经在流传的这些错误信息，来一一打脸。

这种内容比较具有战斗性格，所以大家也要注意，这是比较容易惹祸上身的一种知识品牌路线。

不过，这也是最容易获得关注的一种路线。

所以说，如果你是知识健身教练，你所做的就是带大家一起训练。如果你是知识厨师，就是要让大家觉得很饥渴，并且让你整理的文章在搜索引擎上获得很好的关注。如果你是知识清净师，重要的就是在时事发生时，快速地提供你个人的见解，展现你个人的立场，告诉你的读者们：我说的是对的，我说的是正确的，其他乱传的、乱说的都不要听，你把你有限的注意力、有限的时间都留给我就对了。（当然，语气可以不这么硬）

当然，这三种角色也可以综合运用，不见得只能选择一种角色，其他角色就没办法应用。通常我会建议你先选择一种主要角色，然后再来搭配一些其他路线的内容。

以上就是三种关于知识品牌有影响力的角色类型，提供给大家参考。

重点整理

·知识健身教练：发表频率密集，通常是每日 1~2 次。提供稳定、份量小的知识内容，目的在于“帮你成为”，像是得到 App 上的专栏，通常专注于单一知识领域，情感张力低。读者认同的主要价值是低负担累积新的知识存量。

·知识厨师：发表频率中等，约每月 1~4 次。提供经过特殊处理消化后的复杂知识，通常会跨多个知识领域，目的是“帮你了解”，情绪张力中等，像是以前的逻辑思维、图文不符、TaiwanBar、囧星人等。读者认同的主要价值是协助自己有效率地管理高涨的知识流量。

·知识清净机：发表频率不固定，随事件而发。通常专注于单一知识领域，目的是“帮你逃出”，情感张力强。像是科学新闻解剖室、Medpartner、文青别鬼扯、Sway 房市观测站等。读者认同的主要价值是想要提高自己周围的知识质量，能够辨识并排除糟糕的知识。

泛科学作者问答

如何跟读者沟通困难议题?

廖英凯 / 非典型的不务正业者，对信息与真相有诡异的渴望与执着，梦想能做出钢铁人或心灵史学。

讲到核能、再生能源、电磁波等议题时，就让你眉头深锁、一个头两个大吗? 你的专业领域也有些不讨人喜欢却又很重要的议题，想谈却又怕无法驾驭吗? 最喜欢往这些议题里冲的廖英凯，和大家分享讨论议题知识时，该怎么去简化和取舍你所要说的内容。

1. 要选择你的读者，不要贪心地想要通吃。这样你才能从这群目标读者的背景知识去推敲文章内容，甚至预料到他们对这类内容主题的态度。

2. 在铺陈知识时，你要知道你的目标读者在想什么，帮他们建立科学理论的脉络，例如，从主流学界的说法、科学社群内部的磨合、外部的争议，以及科学史来切入。

3. 如果内容太难的话会让人觉得是“专业的傲慢”，太过简单又会显得不专业，不知如何拿捏的话可以从默认读者知识水平为初中二年级至高中二年级的程度。

6-4

如何建立知识品牌的社群？

专业工作者真正需要建立的是认同你的知识内容的社群。

接下来要跟大家介绍社群营销的方法，当然社群营销常常是要花好几个小时去上课，而且还要不断从实战中演练的题目，我们这本书的主题是知识写作、知识品牌建立，而非专门讲社群营销的书，所以这里不会教你那些一般的社群营销方法，而是要跟你分享，适合专业工作者经营社群的方法。

很多时候，大家会误以为发发微博、传传抖音，这样就是社群营销，当然完全不是。我尝试了很多网络上分享的社群营销方法，但试过后发现这个也不对，那个也不对，看起来都很厉害，但我做起来就是不太顺手，到底应该怎么办呢？哪个才是适合专业工作者的知识社群营销方法呢？

这里我要先回归根本，来聊聊什么叫作社群？所谓社群，就是你加入之后获得的利益，大于你加入之前原本状态的一个组织，那就是社群。大家因为加入社群有利可图，所以想要加入你的社群。

然而，社群的利益到底是怎么回事？难道我加入这个社群之后就有钱可以拿吗？当然不能这样解释。

所谓加入社群之后获得的利益，可以分成两种：第一种就是外源性的利益，另一种就是内源性的利益。

外源性奖励

所谓外源性的利益、奖励，就是像有些粉丝团会办抽奖，有些微信公众号会送贴图，有些社团会送电影票之类，反正用各种引诱你的方式，让你去做一些事情，像是点赞、分享、加入好友、填问卷等。

这时候你就会想一下，这好像是爸爸妈妈在哄自己的小孩："你吃完这口花椰菜，等下就可以吃糖糖""你吃完这个韭菜，等一下就可以吃冰淇淋"。你会不会觉得这个方式怪怪的？

很多人都会这样教小孩，也有很多人这样操作社群，用外源性的奖励来操作社群，但是最后都遇上了很大的问题。原因就是，如果我们用这样的奖励去吸引粉丝，让粉丝来为我们做一些事情、来加入我们的社群的话，当这些人没有办法继续获得这样的奖励，或者已经获得奖励之后，他就会离开了，或是完全不互动了。

因为他真正要的并不是你的社群，他对你的社群是没有情感的，没有依附的，只是为了你的外源性奖励而来。

所以这样操作很容易适得其反，特别是在现有社群媒体算法的操作下，有些粉丝团他有好几十万甚至上百万人点赞，可是互动非常的少。有些粉丝团点赞的人不多，可是互动的频率很高。就是因为前者的粉丝只是为了外源性奖励而来，最后只有数字留下来，但完全不活跃了。

而且这会形成一个恶性循环，其实在现在一些社交媒体平台的机制当中，你会发现如果你的粉丝团有一百万人，你发一个信息，这个平台可能顶多给其中的一万人看到，那接下来，这个平台会判断这一万人有没有跟你的贴文产生互动，如果互动频率比较高的话，那系统才会让你的信息再往外扩散，这就是脸书的设计。

所以说，当你吸引进来这一百万人，他们可能一开始只是为了抽奖，一开始只是要看一些正妹天菜的图，而不是为了要跟你讨论，其实后续他们就不会跟你产生互动。那这个平台就会发现，当一万人看到你的贴文的时候，只有十人跟你产生互动，那以后系统就会让更少的人看到你的贴文。久而久之，你这个平台的贴文就会愈来愈没有效率。而你的社群流量表现，也会连带影响到你的文章在搜索引擎里的表现。

"外源性的奖励不是说不能用，但是外源性的奖励最好只给那些本来就爱你，本来就跟你有高度互动的人。"

用外源性奖励去鼓励原本已经爱你的人，让他对你的忠诚，让他对你的互动越来越高。这才是应用外源性奖励的方式，绝对不是利用外源性奖励去吸引那些本来对你没有兴趣的人，这一点一定要记住。

内源性奖励

接下来我们要介绍的更为重要，也就是内源性的奖励。

内源性的奖励，就是我们人性当中追求的那种满足感，人是社群的动物，我们都会希望能够获得“参与感”，能够交到朋友，能够跟志同道合的人在一起。这种志同道合的感觉，就是大家想要的内源性奖励。

另外一个大家想要的内源性奖励，就是“成就感”，我们能不能在这个社群当中，完成一些本来做不到的事情，我们能不能做成一些让自己感到骄傲、感到满意的事情。

再来就是“领导感”，我们能不能在这个社群当中，带领另外一小群人去完成一些事情，获得人家的尊敬。这是非常重要的一种领导感。

最后一个就是“新知感”，我们能不能在这个社群当中，比没有在这个社群中的人，更快接触一些很重要的新事情？因为加入这个社群，所以我们可以比没有加入这个社群的人更早，以及更正确地获得一些关键的信息，这个就是所谓的新知感。

“参与感、成就感、领导感、新知感，这些都是让人愿意加入社群的关键，也是内源性的奖励机制。”

所以，我们要用各种的方式来提供社群成员内源性奖励，获得内源性奖励的人，他们的凝聚力才会更强，才会产生更多的互动，才会协助你把信息传播出去，并且帮你拉进更多的人。

我们可以设计出一些小环节，让大家可以参与，例如，前面说过我们可以邀请创作，可以共同策展一起打造公共财，又或者说我们可以设计小问答，让大家来回答，产生跟你的互动，然后我们可以把赠品送给那些回答得最好的朋友。

同时我们可以设计有意思的线下活动，让人们愿意去参加。这样累积起来的社群，才是有活力的，才是有意义的。

大家特别要注意到，社群这个事情绝对不是越大越好，而是越扎实，这个社群才越有价值。

泛科学作者问答

曾文宣 / 就读台湾师范大学生科系生态演化组，从小便以成为动物学家为志向，特爱鳄鱼，因此踏入两栖爬行动物研究领域。

打开微博就只能看到下午茶小确幸吗？社群平台难道真的不适合让专业知识发酵吗？喜欢动物、最爱鳄鱼的曾文宣，不只科普文章幽默风趣、本人动人可爱（？），穿梭在粉丝页“crocoman-go 鳄名远播”、社团“Ecology&Evolutiontranslated 生态演化”中文分享版和自己的个人版上，都在散播知识、散播爱，同时也让周遭的人一同加入科普的行列；这是怎么办到的呢？若你打算开始或已经经营了知识社群，以下是文宣给你的建议：

1. 好好利用社交媒体的机制，给予不同的目的：科研圈的专业人士较多在社团里，因此可以讨论一些比较硬的专业研究，联结专业人脉；粉丝专页则聚焦相关知识和有趣的小内容，来吸引喜欢该主题的人和普通大众；个人账号则是穿针引线，也展现自己的生活。

2. 除了勤奋地搜集数据、分享之外，也要让自己在这之间成为枢纽。请大胆地 tag 那些对特定议题有兴趣或是专业的人，鼓励他们来发表和响应。

3. 只从自己的角度去看非专业领域的文献一定有所局限，这时可以通过社群平台多多与其他领域的大咖们相互讨论。认真提出自己的疑惑，寻求协助，也分享见解，更能创造充满活力且具有向心力的社群。

6-5

如何建立你的知识博客？

在粉丝数成长背后，你更需要团结你的社群铁粉。

在接下来这个最后部分，要跟大家介绍一下，我们如何建成自己的部落？

所谓的部落是什么意思呢？前面说过社群这个概念，社群其实相对于部落来说还是一个比较松散的团体。而部落，就是指社群当中的核心分子，在社群当中的铁粉，这些人就称之为“部落”。

为什么部落这么重要呢？有几个原因：首先，大家都知道我们在经营个人品牌，我们在持续跟社会沟通。跟我们的粉丝、社群沟通时，我们都会犯错，犯错时特别需要你的部落给你最快速的支持，让你知道该如何去改善。

另外，部落也是最愿意在你主办的所有活动，无论线上或线下活动，都愿意现身来参加的那些人。网络趋势大师凯文·凯利（Kevin Kelly）有个广为流传的“1000 名真实粉丝”的概念。简单而言，就是对一个创作者来说，想要成功，只需要有一千个愿意付钱支持他的粉丝，基本上他就可以活得下去。在现在这个社群时代，这一千个粉丝，也就是你的关键部落。那我们要通过什么方式，才有办法把自己的部落找出来呢？

以下提供给你五种方式，可以帮你把部落建立起来。建立起这些部落后，你就要长期跟他们保持好的互动，产生良性关系，因为部落这么支持你，我相信你也会很喜欢跟他们在一起，然后跟他们一起合作。

提问

第一种方式就是提问，你可以通过提问的方式建立你的部落。

可是这里讲的提问，跟之前的章节讲到的提问方式，如你问大家一些知识性问题，这两者可是不一样的喔！

“建立部落的提问，要问的问题是‘你希望我做些什么？’”

也就是说你是在一个后设的情况之下，在你的社群知道你经营个人品牌，是有一些目的，是有一些使命的情况之下，去问你的社群：“我在经营我的个人品牌、个人网站、粉丝页，你希望我将我的专业转化成什么内容呢？你希望我如何运用专业的知识来充实我的网站呢？”

也就是说你要问你的社群，他们希望看到什么，希望在你的经营之下提供他们什么。

能够回答你这个问题的人其实并不多，可是这些关键的人就是你的部落，就是你的铁粉。

通过提问的方式去问你的社群，他们想要你做什么，建议你做什么。他们建议你去做的一些事情，可能你不一定做得到，可能不是你现在想要做的，但也有可能就是你自己想做的事情，这些信息都可以好好地留存，这是非常重要的。

幕后故事

第二个做法就是讲幕后故事，什么是幕后故事？就是告诉大家你在写某篇文章的过程中，或是你在打造个人品牌的整个历程当中，你做了哪些事情？遇到了哪些状况？

例如说，一开始你去上了郑国威的课，接着架了一些网站，然后很不好用，等等，这些幕后故事就是像拍一部电影过程前后都有很多 NG 片段或幕后花絮，这是很多电影迷特别喜欢看的部分，因为这让他们觉得更接近这部作品，更了解这部作品。

“特别是最忠实的粉丝，也就是我们的部落，他们最喜欢看‘你在幕后做了些什么’。”

你如果想要建立起部落，就是要通过提供这样的内容，让他们主动浮上来，然后跟这样的内容产生互动。

幕后故事，也就是你在打造个人品牌的过程中，你做了哪些事情？你遇到哪些挑战？你掉过哪些坑？你有哪些觉得做得还不错的事情？把这些故事写出来跟大家分享吧！

我们是谁？

第三个做法就是要跟大家讲“我们是谁”。

“我们是谁”是什么意思呢？其实你在打造个人品牌时，或许是一个人，或许有一个小团队跟你一起合作，但你有时候会有面貌模糊的问题，也就是说大家其实并不真的知道你这个人是谁。

之前的章节我提到，要打造具有亲近感的内容，通过Reveal 自我揭露让大家知道你是谁。

告诉大家你是谁，例如，你是这个品牌的创办人，你还有一些协助你的伙伴，如兼职的设计师有什么特别的品味、工程师有什么特殊的癖好，他们平常都在做什么？你平常都在做什么？你的嗜好是什么？或者说你喜欢看的电影是什么？你喜欢看的书是什么？

“这种自我揭露，其实非常受到你的部落期待。”

举例来说，我们都知道有一位知识型网红叫作囧星人，她非常知名，很多人都很喜欢她。你会发现，当她在说书时，她收到的回响反而没有她在自我揭露的时候来得多，她在自我揭露自己的性向或是生平的时候，获得的回响是非常高的。当然，这不代表以后都要一直讲自己的事，而是通过有节奏地让社群认识自己，找出你的部落。

大家其实很喜欢这些打造知识品牌的人，去跟社群说你是一个什么样的人，这是一个非常好的一个做法，大家认同你的性格，认同你的事情之后，他也会更认同你的内容。所以说，要告诉大家我们是谁，你是谁。

对不起

下一个方式是“对不起”，为什么要说对不起？之前讲到，我们要了解犯错是必然，我们要创造具有公共财性质的内容，我们要把每次犯错都当成机会，因为那是大家注意力特别集中的时刻。但是有时候就是没犯错，又不能故意犯错怎么办？这时候就要善用“对不起”。

“你自己知道哪里做得还不够，主动跟你的用户说对不起，说我哪里做得还不够好，我知道我在这件事情上还有提升的空间。”

或许你的用户没有提出问题，或许你并不是真的犯错，但是要保持这样的诚意，有节奏，隔三差五地，让你的读者知道你心中抱持着一种愧疚感，因为你觉得自己做得不够好，想要提升自己的内容与表现。

这时候你的读者会觉得你是一个非常坦诚，非常愿意分享的人，如果他对你平常有些不满，或是平常觉得你有些事情做得不够好，只是没有讲出来，当你自己主动讲出来之后，他会觉得这个家伙还不错，所以给你“拍拍”，鼓励你。他或许也会想要给你抚慰，因为他知道你心中觉得自己还不够好，他知道你想要变得更好，而这会让你的部落更认同你。

所以这种“对不起”的文章，是可以适度地来发表，让读者知道，你想要怎么做得更好，但因为种种原因你还没办法做得更好，请求读者的体谅，这也是一种建立部落的方式。

为什么？

最后一种建立部落的方式是整个品牌打造的关键核心，也就是“为什么”。

之前我们也讨论过“为什么”，但是那属于知识写作九宫格里的主题，是为了传达出一篇文章的问题意识。

“可是我现在要讲的‘为什么’，
是‘为什么要做这件事情’，
‘为什么要打造品牌’
‘为什么要做这份专业工作’。”

这时候要善用讲故事的能力，你必须要结合刚才讲的“我是谁”，去告诉你的社群，你之所以做这些事情，之所以写这篇文章，背后有一个故事，有一个使命感，有一个脉络。

例如说，你今天之所以要来分享这个特定领域的知识，是因为你曾有一个重大遭遇，这个遭遇给你留下很深刻的印象。所以，在你开始做这个事情之后，就一直记得要好好地来传播这个领域的知识，要不然有些问题可能会发生或是无法解决。

要告诉大家你为什么要做这件事情，得先定义出一个明确的问题。这个问题可能是过去经历过的，可能是你觉得这个世界、社会、你的专业领域中的明确问题，这个问题要是可以被解决的。你必须要呈现出这个事情的急迫性、重要性，这样你才有办法说服你的读者，为什么你要做这件事情？为什么做这个事情是有道理的？

以及为什么读者应该继续关注你？为什么社群要在你推进这条个人品牌的道路上来持续支持你？

以上五个建立部落的方式，你都可以通过预先的写作，把它写成像是“关于我们”页面的文章，你也可以不定期针对一些事件去做出反应，将这些概念融入你的文章，或是通过社群去跟你的部落产生这些互动。

知识品牌不是只有写作内容就好，想要读者更接近你的话，就要建立起部落，用我们刚才所提供的五种方式，让你的铁粉聚集起来。

以上就是个人知识品牌打造之路，希望大家有所收获。

结语

在周星驰的电影《九品芝麻官》里头，他的父亲在临终前留下一句话：“贪官要奸，清官要更奸，要不然怎么对付得了那些坏人呢？”虽然听起来政治态度不太正确，但我对这句话深感认同，这也是我为何要写这本书的原因所在。

知识能变现，内容即营销。过去几年，随着网络“知识付费”大风吹，各种模式同时兴起，打赏赞助、订阅集资、导购置入等不一而足，也掀起一波波的讨论，然而我却觉得这些都只是表象、只是技巧，底下的实质问题却没被考虑。

真正的问题是在科技推波助澜之下，数十亿人运用注意力、获取知识的方式和态度已经完全改变，而大量错误又低廉的内容正在淹没这个社会，知识经济看似蓬勃发展，但其实已经逐渐变成臭水死水，这将影响一整个世代的未来。因此，2017 年 1 月，我展开为期一年的百场“知识经济的未来”演讲计划，到各地与不同领域的伙伴面对面深度讨论。同年 6 月，我开始着手整理自己过去 10 多年来从个人博客到创办、经营超过 10 个垂直网站，与数百位各领域专家与知识达人互动的经验，将其整理为一门实体课程，之后再转为线上课，以及你现在手上的这本书，目的是让清官不用手无寸铁。

看完本书，你应该对自己为何而写、怎么写、写什么都有想法了，接下来，你该做的就是采取行动：赶快打开计算机，写一篇！

对我来说，写这本书也是为了让自己更懂自己。没办法教人的学问，代表自己还没有真正搞懂。而没办法写成易懂文章的专业，也可能意味着自己还不够专业。不让自己被信息淹没的最好应对方式，就是有系统、有规律地输出。

让天下没有难学的知识，是我以及我们公司的使命，因为唯有如此，才能让人知道怎样应对加速变化的时代。我诚挚邀请每一位上过我的课、看过这本书的朋友，成为知识普及的种子，快开始写吧！

图书在版编目（CIP）数据

知识内容写作课 / 郑国威著 . -- 北京 : 北京时代华文书局 , 2020.3
ISBN 978-7-5699-3252-2

Ⅰ . ①知… Ⅱ . ①郑… Ⅲ . ①科学普及－写作－方法 Ⅳ . ① H152.3

中国版本图书馆 CIP 数据核字 (2019) 第 252882 号

中文简体版通过成都天鸢文化传播有限公司代理，经城邦文化事业股份有限公司－PCuSER 计算机人出版事业部 / 创意市集出版社授权大陆独家出版发行，非经书面同意，不得以任何形式，任意重制转载。本著作限于大陆地区发行。

北京市版权著作权合同登记号 字：01-2018-5109

知识内容写作课

ZHISHI NEIRONG XIEZUOKE

著　　者 | 郑国威

出 版 人 | 陈　涛
选题策划 | 樊艳清
责任编辑 | 樊艳清
装帧设计 | 元明设计　迟　稳
责任印制 | 刘　银

出版发行 | 北京时代华文书局 http://www.bjsdsj.com.cn
北京市东城区安定门外大街 136 号皇城国际大厦 A 座 8 楼
邮编：100011　电话：010 - 64267955　64267677
印　　刷 | 三河市祥达印刷包装有限公司　0316-3656589
（如发现印装质量问题，请与印刷厂联系调换）
开　　本 | 880mm×1230mm　1/32　印　　张 | 7.75　字　　数 | 200 千字
版　　次 | 2020 年 5 月第 1 版　印　　次 | 2020 年 5 月第 1 次印刷
书　　号 | ISBN 978-7-5699-3252-2
定　　价 | 42.00 元